Vie De David, Premier Peintre De Napol#on

A. Thom#

DE L'IMPRIMERIE DE M. HAYEZ.

L. DAVID.

1813 Lith de Jobard

VIE
DE DAVID,

Premier Peintre de Napoléon,

PAR

M. A. Th.***

BRUXELLES,

Chez les Éditeurs

H. TARLIER, RUE DE LA MONTAGNE, ET GRIGNON,

MAISON BAUDOUIN FRÈRES.

M DCCC XXVI.

PRÉFACE.

Au moment où les arts viennent de perdre l'homme célèbre qui a porté pendant cinquante ans le sceptre de la peinture, nous avons cru que le public ne lirait pas sans intérêt l'histoire de sa vie, comme artiste et comme homme public; celle de ses ouvrages et des rapports qu'il a eus avec les grands personnages de son temps. David, comme peintre, a été vengé de son vivant des critiques de la jalousie et de la médiocrité. L'esprit de parti lui a fait, comme législateur, une réputation odieuse qui ne s'est pas entièrement dissipée. Nous avons donc cru devoir le suivre dans sa carrière politique, afin d'y porter la lumière et de présenter la vérite. On y verra le législateur républicain égaré par les souvenirs de la Grèce et de Rome, dans lesquels le peintre puisait ses plus belles inspirations; on y verra le citoyen dupe de quelques charlatans hypocrites et atroces; on y verra enfin un homme que la nature avait créé pour les arts, et non pour la politique.

Vie

DE DAVID.

•••

Jacques-Louis DAVID naquit à Paris en 1748 *. Il perdit son père dès l'âge de neuf ans. Sa jeunesse ne fut pas heureuse; elle fut consacrée aux études qui précèdent le choix d'un état, et dans le cours desquelles se décide ordinairement la vocation naturelle de l'homme. Il ne montra de goût ni pour les sciences ni pour les lettres. Un penchant prononcé l'entraînait vers les arts, il négligeait tout le reste. Il était toujours en guerre avec sa mère, qui contrariait beaucoup l'inclination in-

* Des écrivains ont dit en 1750. C'est une erreur.

née qu'il avait pour la peinture : elle voulait en faire un architecte, et le jeune David se sentait un grand éloignement pour cette science, qu'il trouvait trop aride. Il ne continua ses études que par contrainte.

Cependant les obstacles ne le découragèrent point ; il resta fidèle à son penchant et triompha enfin, dans cette lutte, de l'opposition déplacée de sa famille.

Il était sur le point de terminer ses études, et il n'avait rien recueilli des leçons de ses maîtres. Son professeur de rhétorique lui avait un jour, sans s'en douter, prédit sa destinée. L'ayant surpris occupé d'un travail étranger au cours, tandis que tous ses condisciples étaient attentifs à la leçon, il saisit le cahier où David venait de dessiner une *marine*. « Je

» vois bien, lui dit le maître avec ironie, » que vous serez meilleur peintre qu'ora- » teur. » Il faisait par là allusion à une difficulté physique qu'avait alors David dans l'organe de la parole.

Son obstination s'accrut de plus en plus; il abandonna les lettres qu'il avait été censé étudier jusqu'à ce jour, et ses parens, lassés de sa persévérance, finirent par se convaincre qu'ils ne réussiraient pas à contrarier sa vocation.

Sa résolution s'était fortifiée avec l'âge. Entier dans ses principes, indomptable de caractère, et passionné pour la gloire, David, dans sa jeune tête, rêvait déjà qu'il pourrait un jour se faire une grande renommée par ses ouvrages. Il n'avait jusqu'alors reçu de leçons que de la nature : dans ses premiers essais, elle seule avait conduit ses crayons; mais un tel maître ne suffisait pas, le secours d'un homme habile était nécessaire à David, pour le diriger et l'instruire, et pour assujettir aux règles de l'art les inspirations de la nature.

Convaincue qu'il était véritablement né pour la peinture et les arts, sa mère cessa enfin de violenter la vocation de son fils, consentit à lui donner un maître, et ce maître fut Boucher, premier peintre du roi.

Attaché à la famille de David par les liens du sang, cet artiste aurait bien désiré que son jeune parent se formât à son école; mais appesanti par les années, il sentit qu'il n'était plus d'âge à entreprendre une semblable éducation. Ce fut peut-être un grand bonheur pour David, pour l'art, pour la France; car Boucher était le créateur et le chef d'une école qui avait corrompu le goût. Il avait substitué à l'imitation de la nature et aux formes pures de la Grèce et de Rome, des formes bizarres et des couleurs dont il ne trouvait de modèle que dans son imagination; il avait entraîné l'art dans les écarts les plus inconcevables où il se soit jamais égaré.

Boucher se déchargea donc d'une tâche qu'il ne pouvait plus remplir sur un de ses amis, M. Vien. Cet artiste, qui avait mérité l'honneur d'être envoyé à Rome, y avait puisé, dans la contemplation d'une nature admirable, et dans l'étude des plus parfaits modèles, cette profonde connaissance du beau dont il avait le sentiment, et qu'il devait ressusciter en France. Vien, était alors peintre du roi, membre de l'Académie royale de peinture, professait depuis 1750, luttait par son exemple et ses préceptes pour ramener l'art dans la bonne route, et fondait cette école d'où devaient sortir tant de grands peintres, qui ont rendu à l'école française dégénérée sa supériorité et sa gloire.

Vien promit aux parens de David de mettre à son instruction du zèle et de l'intérêt. Le jeune élève lui présenta quelques contours dessinés d'inspiration, sans avoir jamais été dirigés par les leçons, ni par les conseils d'aucun maître. Vien en fut frappé. « Il peut, dit-il, s'occuper dès » aujourd'hui de peinture; il a deviné » l'art. »

A l'école de ce patron, les progrès de David furent prodigieux; son goût se développa, et, peu d'années après, il osa concourir pour le grand prix de Rome.

Il ne crut point devoir consulter Vien dans cette entreprise, et mit la main à l'œuvre à l'insçu de son maître, qui parvint pourtant à pénétrer le mystère dont le jeune élève avait voulu envelopper son travail. David, pensant toujours causer une surprise à son patron, exposa en 1772, au jugement de l'Académie, son tableau du *Combat de Minerve contre Mars secouru par Vénus*.

Il avait pour concurrens des artistes déjà renommés. L'Académie lui décerna le premier prix à l'unanimité. Cependant Vien, pour punir son élève de son silence et de son audace, le réduisit à l'honneur du second prix, et David dut s'y résigner.

Cet acte de sévérité de Vien envers

David, loin de diminuer leur estime et leur affection réciproques, les lia plus étroitement encore. Le jugement honorable porté souvent par David sur les ouvrages de son maître, et les grandes preuves d'intérêt que celui-ci témoigna toujours à son élève en sont la meilleure preuve. Vien a souvent dit depuis que David était son plus bel ouvrage.

Dans le courant de l'année 1773, un autre concours fut ouvert. On donna pour sujet : *les enfans de Niobé percés de flèches par Diane et Apollon*. David voulut concourir ; à cette fois, il ne crut pas devoir le cacher à Vien. Il n'avait point oublié la punition de l'année précédente ; mais il fut moins heureux. L'assemblée des juges se divisa lorsqu'il fallut décider. Les uns étaient pour lui, et la plus grande

partie se trouvait contre. Le jugement fut prononcé, et David n'obtint pas le prix. Quoiqu'il en soit, il regarda cet arrêt comme une injustice, et ne le pardonna point à ses juges. Il fit plus, le désespoir s'empara de son âme offensée : il voulut se donner la mort.

Il logeait au Louvre dans les appartemens de Sedaine. Cet homme de lettres, connu par une bonhomie qui faisait l'amusement de la société, l'avait pris en affection et l'aimait comme son propre fils. Ils se visitaient souvent l'un et l'autre. Depuis deux jours Sedaine ne voyait plus David ; il crut entendre des gémissemens qui partaient de sa chambre. Il y court, la porte est fermée. Il appelle son jeune ami, le supplie, le conjure de l'ouvrir, et personne ne lui répond !.....

Sedaine, au désespoir, et craignant que David n'eût attenté à sa vie, se hâte de faire appeler ses parens.

Pendant ce temps, il court chez Doyen, membre de l'Académie, occupé alors à peindre *la chapelle de Saint-Grégoire*, aux Invalides. C'était un des juges qui s'était le plus fortement prononcé pour David, dont il était enthousiaste. Sedaine lui fait part de ses soupçons et de ses craintes, et le décide facilement à l'accompagner au logement du jeune peintre.

La chambre était toujours fermée : aucun bruit ne se faisait entendre dans l'intérieur. Ils ébranlent la porte, elle résiste à leurs efforts ; le silence continue.

« David, lui crie Doyen d'une voix » forte, veux-tu donc seconder les pro- » jets de tes envieux? Ils ne tarderont

» pas à se féliciter de ta mort. Crois-moi, » viens nous ouvrir, et renonce à ton funeste dessein ! »

Les paroles de ce juge, dont les sentimens étaient connus de David, les prières de Sedaine le rappellent à lui. Il n'a pas la force de leur répondre, mais il se traîne péniblement vers la porte qu'il ouvre à ses amis. Il était défiguré, pâle comme un mourant. Depuis trois jours il n'avait voulu prendre aucune nourriture, et, si Sedaine n'avait pas entendu ses gémissemens, dans quelques heures il n'existait plus.

Ses parens, ses amis, accourus à cette nouvelle, lui prodiguent leurs soins et le rendent à la vie. Bientôt son ardeur et son courage renaissent avec ses forces physiques, bientôt la passion de la gloire eut repris tout son empire, et, bravant la jalousie des artistes qui l'avaient jugé, il se présenta à un troisième concours.

Le sujet donné était *la mort de Sénèque*. David l'exécuta et le soumit, comme les autres années, au jugement de l'Académie. Ses envieux l'emportèrent; elle décerna le prix à un artiste romain, et ne fit pas même mention de cet ouvrage. Mais, loin de perdre courage, il trouva dans ce nouvel échec la source d'une nouvelle émulation.

« Les misérables, s'écria-t-il, ils ont » voulu me faire mourir de désespoir! Je » m'en vengerai par mes ouvrages. L'an » prochain, je veux concourir, et je jure » que, pour cette fois, ils seront con- » traints de me donner le prix. »

Il tint parole : l'année suivante David concourut et exécuta le sujet donné. C'étaient *les amours d'Antiochus et de Stratonice*. Les juges, qui peut-être s'étaient encore entendus d'avance pour lui refuser le prix, quel que fût son ouvrage, furent frappés d'un sentiment involontaire d'admiration à la vue de cette belle composition. Ils oublièrent leur rancune, et convinrent unanimement qu'il avait mérité la couronne. Elle lui fut décernée avec éloge. Plusieurs artistes furent chargés d'aller lui annoncer son triomphe. A cette nouvelle, il perdit connaissance; puis revenant à lui : « Mes amis, leur » dit-il, c'est pour la première fois que » je respire depuis quatre ans. »

Satisfait de ce succès, il renonça dès-lors à présenter de ses ouvrages au concours de l'Académie de Rome.

Après une jeunesse semée de contrariétés et d'obstacles sans nombre, une carrière plus vaste et plus heureuse va s'ouvrir devant David. Il a déjà franchi la borne où s'arrêtent tous les peintres vulgaires, et il va agrandir et illustrer la route que Vien avait ouverte au génie.

Depuis plusieurs années, il désirait aller à Rome pour étudier les monumens antiques et les ouvrages des grands peintres qu'il ne connaissait pour ainsi dire que par leur renommée. Une circonstance fortuite sembla venir très à propos seconder ses projets. En 1775, M. Vien fut nommé directeur de l'école française à Rome. Aussitôt il proposa à son élève de l'accompagner dans la capitale des arts. Il ne balança pas un instant, prit congé de sa famille et partit pour l'Italie. Il avait alors vingt-sept ans.

Arrivés à Parme, le maître et l'élève allèrent voir *le dôme de la cathédrale*, peint par Le Corrège. A cette vue, David oublia tous les tableaux de l'école française, qui avaient été jusque-là l'objet de son admiration. Vien s'en aperçut et lui dit :

« Eh bien ! David, pensez-vous maintenant que ces ouvrages soient supérieurs à ceux que vous connaissez de nos peintres français ? Calmez, mon ami, calmez votre tête. Contentez-vous d'admirer ; réservez votre enthousiasme pour Rome. Là, vous comparerez, et puis, vous resterez le maître de prononcer et de choisir. »

Ils arrivèrent enfin à ce but de leur voyage, désiré par David avec tant d'ardeur. Cette antique cité, long-temps témoin des jeux de la guerre, plus long-temps encore l'asile de la littérature et des arts, ses obélisques, ses amphithéâtres, ses colonnes, ses mausolées, et tous les restes de sa splendeur, produisirent sur le jeune peintre une impression profonde. Ce fut au milieu de tous ces grands souvenirs, parmi les chefs-d'œuvre de Praxitèle et de Phidias, de Raphaël et de Michel-Ange, que David sentit son infériorité. Il ne rougit point de l'avouer, changea brusquement de route et prit un nouvel essor. L'étude de l'antique l'absorba tout entier. « Je veux, dit-il, je » veux que mes ouvrages portent le ca» ractère de l'antiquité, au point que s'il » était possible qu'un Athénien revînt au » monde, ils lui parussent être l'ouvrage » d'un peintre grec. »

Raphaël, Michel-Ange, devinrent

désormais ses modèles. Il parcourait les palais de Rome, les salles du Vatican, dessinant tout ce qui s'offrait à sa vue, et le soir, à la lumière, il réunissait dans un cahier tous les dessins de la journée. C'est ainsi que, pendant les premières années de son séjour dans cette ville, il composa cinq gros volumes d'*Études*, ouvrage curieux et utile, dont il ne s'est jamais séparé depuis. Dans le cours de sa vie, et pour tous ses travaux, il a sans cesse puissé dans cette collection précieuse, comme à une source intarissable des règles les plus sûres.

Mais il ne se contenta point de ces travaux; il voulut s'essayer aussi par des copies, et exécuta celle du beau tableau de *la Cène* par Valentin, que les hommes de l'art ont estimée depuis égale à l'original. David avait alors trente ans.

Il fit, à Rome, la connaissance du jeune Pécoul, dont le père était, à Paris, architecte entrepreneur des bâtimens du roi, et se lia d'amitié avec lui. Cette intimité devait un jour être resserrée par une alliance plus étroite. Ils avaient l'un pour l'autre la plus grande estime.

Ce fut aussi à cette époque qu'il fit deux académies peintes d'après nature, et d'un mérite rare : *les funérailles de Patrocle*, esquisse-tableau; *un Saint-Jérôme*, tableau en manière d'académie; *la tête d'un Bélisaire et de l'enfant qui l'accompagne*. Tous ses fragmens fixèrent sa réputation. Le *portrait équestre du comte Potocki*, grand comme nature, fut à peu près dans le même temps exposé par David aux yeux du public.

Ces différentes études occupèrent les quatre premières années de sa résidence à Rome. Dans la cinquième, après avoir copié les œuvres des plus grands maîtres, il voulut, avant de quitter cette ville, y créer un ouvrage de plus longue haleine, et il entreprit le tableau *des pestiférés*, autrement dit de *Saint-Roch*.

Ce tableau conserve encore une légère teinte de l'école française, dont David venait d'abjurer le style; mais l'expression de la nature y est si grande, que le spectateur est tenté de croire, en le voyant, qu'il assiste à une scène réelle, et un pestiféré couché sur le devant est, sans contredit, comparable pour l'attitude et pour l'expression, à tout ce que David a pu faire de mieux. Ce tableau fut exposé à Paris en 1781, et réunit le suffrage de tous les artistes. Il est devenu plus tard l'ornement de la salle des conservateurs de la santé de Marseille, *à la consigne*, où on le voit encore aujourd'hui.

Le public de Rome et les peintres les plus distingués de cette ville, se portaient en foule chez David pour y voir sa nouvelle production. Le vieux Pompée Batoni *, prince de l'Académie de Saint-Luc, s'empressa d'y accourir. Il fut sur-

* Ce peintre célèbre, que l'on regarde avec raison comme le restaurateur de l'école romaine moderne, était né à Lucques, en 1708. Il avait étudié avec soin les modèles antiques, et ses compositions étaient pleines de grâce et d'expression. Il fit beaucoup de tableaux pour les églises et les oratoires. Les plus cités sont *le Saint Celse* et *la Chute de Simon le magicien*. Il fut comblé d'honneurs et de richesses. L'empereur Joseph l'anoblit. Ce grand maître mourut à Rome en 1787.

pris d'un talent si rare, et combla David d'éloges et d'encouragemens.

« Vous êtes Français, lui dit-il, c'est » vous qui avez fait ce tableau ! Depuis » plus d'un demi-siècle que j'habite cette » ville, j'ai vu les peintres de toutes les » nations, je connais tous les ouvrages » qu'ils ont faits sous nos yeux ; je ne » m'en rappelle aucun qui soit compa- » rable au vôtre. Cette figure couchée, ce » pestiféré est tout-à-fait dans le style de » Michel-Ange, il est digne de lui ! » Croyez-moi, ne quittez point ce pays, » restez parmi les Romains ; pour l'a- » mour de l'art, vous devez vous y fixer. » Ne retournez pas en France, vous vous » y perdriez. »

Flatté des louanges de ce vieillard, mais résolu de régénérer le goût et les arts dans sa patrie, David ne suivit point ses conseils, et repartit pour la France.

En 1780, il exécuta son *Bélisaire*, qui fut un an après son titre d'admission à l'Académie comme agrégé. L'électeur de Trèves acheta cet ouvrage. Plusieurs circonstances le firent ensuite passer dans la galerie de Lucien Bonaparte, dont il devint le principal ornement.

La composition simple et noble, la belle tête du général romain, aveugle, réduit à recevoir l'aumône; l'attitude de ce soldat qui a servi sous ses ordres et qui le reconnaît, ce jeune guide, seul soutien de la grandeur déchue, inspirent l'attendrissement et le respect. Les censeurs les plus froids et les plus sévères ne purent refuser leurs suffrages à ce tableau.

Tandis que le public le contemplait,

David, désirant connaître par lui-même ce qu'on pensait de son ouvrage, entra incognito dans la salle d'exposition. Aussitôt il est reconnu. A sa vue, les spectateurs, par un mouvement spontané, l'élèvent sur leurs bras et le portent en triomphe devant son tableau. Il reçoit avec calme et reconnaissance ces hommages touchans de ses concitoyens. Il aperçoit Sedaine parmi les curieux, écarte la foule, et s'élance dans les bras de son ami qui pleurait de joie.

« Vous venez, lui dit le vieillard, de » recevoir le plus bel éloge qui puisse » encourager un artiste; j'ai craint que » vous ne fussiez enivré de cet accueil; » mais le sang-froid que vous avez con» servé dans votre triomphe, me promet » que vous saurez en mériter d'autres. »

Dès lors la renommée de David s'établit dans toute la France ; on n'y parlait plus que de ses ouvrages. Les jeunes artistes accouraient à Paris pour recevoir ses conseils, tous brûlaient du désir de faire leurs études sous un tel maître ; un éloge de sa part était le but de tous leurs efforts. On était avide de ses leçons. On lui faisait les offres les plus brillantes. Il dut céder à tant d'instances, et ouvrit cette école où accourut une foule d'élèves de tous les pays, et d'où sont sortis tant de peintres célèbres.

A chaque concours ouvert par l'Académie de Rome, c'était toujours un élève de David qui remportait le premier prix. On lui accorda comme récompense un logement au Louvre. Sa gloire fut proclamée chez toutes les nations ; sa réputation devint européenne, elle fut immense.

Jusqu'alors David n'avait travaillé que pour le progrès des arts et sa propre gloire : il avait atteint sa trente-troisième année. Il sentait le moment venu de contracter des liens durables, qui, en augmentant ses rapports dans la société, allaient rendre sa destinée plus stable et plus heureuse.

Ainsi qu'on l'a déjà vu, il avait, en Italie, fait la connaissance du fils Pecoul. Ce jeune homme, dans sa correspondance avec son père, l'avait souvent entretenu de ses liaisons avec David, du désir qu'il avait de le voir un jour devenir son frère, et lui avait proposé de marier une de ses sœurs avec son ami. Lorsque David partit de Rome, il lui donna même une lettre de recommandation pour son père, relative à cet objet, que David ne remit pas, soit oubli, soit qu'il ait été distrait de cette visite par son application à la peinture.

Il fut cependant obligé de s'entendre avec M. Pecoul père pour le logement qui lui était destiné dans le palais du Louvre. David pensa alors à sa lettre et à sa négligence. Il chercha à la réparer, et alla se présenter à M. Pecoul, qui sourit en le voyant arriver après ce retard, puis, prenant un ton grondeur :

« M. David, lui dit-il, j'ai à vous re-
» procher votre peu de diligence ; vous
» avez depuis deux ans une lettre à me
» remettre, vous en connaissez le con-
» tenu, et il m'eût été agréable de vous
» voir mettre quelque empressement à

» établir entre nous des liens de famille. »

David balbutia sa justification, puis appréciant un reproche aussi flatteur, il exprima sa reconnaissance, s'excusa sur son peu de fortune et sur le besoin de se livrer tout entier à l'étude de son art; mais réfléchissant à ce qu'il venait d'entendre, il crut que s'il perdait l'occasion de s'allier à cette famille, il n'en retrouverait peut-être plus d'aussi avantageuse, et essaya de remettre la conversation sur ce sujet.

« Il me serait agréable, reprit-il avec » finesse, d'avoir une *petite* alcove dans » la chambre où nous sommes. »

— « Pourquoi donc *petite?* interrom» pit M. Pecoul. Je vous la ferai grande » et propre à recevoir votre femme, car » enfin, vous devez vous marier, et je

» vous destine ma fille. Vous voulez vi-
» vre pour l'art, eh bien! travaillez pour
» la gloire; moi je travaillerai pour votre
» aisance et votre fortune. Venez dès ce
» soir souper en famille, et faire connais-
» sance avec celle que je vous destine. »

Malgré des offres aussi engageantes, David hésita. L'idée d'un changement de situation, des embarras du ménage, le rendait indécis. Il ne voulut point engager sa parole avant d'avoir réfléchi, et sans avoir consulté son ami.

Il courut chez Sedaine, et lui fit part de son entretien avec M. Pecoul. Sedaine, lui aussi, avait des filles bonnes à marier, et avait, depuis long-temps, eu l'intention d'en donner une à David; mais, dans l'état d'indécision où se trouvait celui-ci, il ne crut pas devoir augmenter son embarras en lui parlant de ce dessein, et, en ami désintéressé, il donna son assentiment au projet de M. Pecoul, dans lequel il voyait le bonheur de David.

« Cédez, lui dit-il, à la proposition » généreuse qu'on vient de vous faire, » fortune, réputation honorable, pro» bité, tout ce qui fonde le bonheur » d'une alliance, vous le trouverez-là. »

Alors David ne balance plus. Il se rend chez M. Pecoul, dont la joie est extrême en voyant entrer dans sa famille un artiste déjà si célèbre. Après quelques semaines, Mlle Pecoul devient l'épouse de David.

Peu de temps après son mariage, une femme de la cour, Mme de Noailles, le pria de lui faire un *Christ*. David s'en excusa d'abord parce que, disait-il, il n'avait jamais exercé ses pinceaux dans ce genre, qui lui offrait peu d'attraits. Mme de Noailles redoubla d'instances, et David se vit obligé de la satisfaire. Il l'exécuta, mais sans ardeur et avec une certaine répugnance. Ce fut une œuvre de pure complaisance. Ce tableau fut exposé au salon, et ensuite à l'église des capucines, près la place Vendôme. Malgré le peu de cas que David paraissait faire de cet ouvrage, tout le monde, attiré par la renommée de l'auteur, se portait à cette chapelle, et le concours des curieux était si grand, que Mme de Noailles fut contrainte de retirer le tableau.

Cette production, la première de ce genre qui soit sortie des ateliers de David, fut aussi la dernière; car il se sentait froid pour un pareil sujet. Il regretta même dans la suite d'avoir exercé son art sur un caractère qu'il n'avait jamais bien compris, et c'était là surtout la cause de son admiration pour Raphaël. Il ne concevait pas comment ce grand peintre avait pu y trouver tant d'inspirations et tant de charmes. Il regretta d'avoir cédé aux instances de Mme de Noailles, et il en conserva toujours une impression importune. Des censeurs habiles critiquèrent ce tableau, et David, loin de combattre leur avis, y applaudit, sentant qu'ils avaient raison.

Depuis long-temps membre agrégé de l'Académie, il voulut se faire recevoir académicien. Pour obtenir cet honneur, il composa le tableau de *la mort d'Hec-*

tor. Il présenta aussi son tableau d'*Hector et Andromaque*, qu'il avait exécuté dans le même temps. Celui-ci représente le moment où ce fier Troyen quitte son palais et les murs d'Illion pour aller combattre les Grecs. Il est debout, revêtu de son armure, et invoque Jupiter et ses pénates, auxquels il confie la garde de son fils et de son épouse. Andromaque éplorée s'appuie sur le héros. L'expression de la douleur est empreinte sur son visage renversé contre le sein d'Hector : la physionomie du guerrier exprime toute l'agitation de son âme, et un combat violent entre l'amour et le devoir.

La réception de David fut votée à l'unanimité.

Investi de cette nouvelle dignité, il sentit qu'il avait besoin de retourner à

Rome une seconde fois, pour se perfectionner entièrement, y observer les beaux modèles qui auraient pu échapper à ses études, pendant son premier séjour, et qu'il était alors en état de mieux apprécier. Un obstacle puissant lui avait fait ajourner ce projet; c'était la dépense qu'entraînait un tel déplacement. Cependant, dans ses entretiens, il laissait souvent percer ce désir : M. Pecoul lui en arracha l'aveu, et, fidèle à la promesse qu'il lui avait faite de lui faciliter le chemin de la gloire, il s'empressa de mettre à la disposition de son gendre les moyens nécessaires pour faire ce voyage.

David partit avec sa femme, au grand regret de tous les artistes et de ses élèves. Cependant, il se fit accompagner d'un de ceux qu'il affectionnait le plus, et, en effet, un des plus estimables par ses talens et son amabilité. C'était le jeune *Drouais*, artiste de la plus haute espérance, que les arts ont long-temps pleuré. Il mourut à ving-quatre ans, et laissa, dans l'école française, des regrets ineffaçables. Il avait composé le tableau de la *Cananéenne*, pour le présenter au concours de Rome, où il remporta le grand prix. Cet ouvrage, et un tableau de *Marius assassiné*, du même auteur, sont aujourd'hui au musée de Paris.

Ce jeune homme était né d'une famille honnête et très-riche, avec la passion des arts et de la gloire. Il était d'une générosité et d'un désintéressement rares : tous ses amis se ressentaient de sa bienfaisance et de ses largesses. Ses camarades d'études, qui conserveront toujours le souvenir de ses vertus, se plaisent encore aujourd'hui, dans leur vieillesse, à rappeler les moindres traits de sa vie. Ils citent avec complaisance l'hommage qu'ils lui rendirent à son retour de Rome, lorsque, entraînés par leur enthousiasme, ils le portèrent en triomphe chez sa mère.

David avait commencé à Paris un tableau du *serment des Horaces*, et résolut de le finir dans la ville même de Rome, parmi ces peuples, en qui une longue série de siècles avait effacé le souvenir des trois guerriers sauveurs de leur pays.

Ce tableau, dans le style antique, est surtout remarquable par la noblesse et la simplicité de la composition, la pureté et la correction du dessin, et l'expression mâle du caractère des trois héros. Mais on voit aussi dans ce tableau un autre épisode, non moins intéressant. Derrière les guerriers, leurs épouses, plongées dans l'abattement et l'inquiétude, présentent l'exemple le plus frappant de la désolation et de la douleur. Les costumes sont drapés avec le plus grand art, et, de tous les tableaux de ce grand peintre, c'est peut-être celui dont le coloris est le plus naturel. C'est un des plus beaux ouvrages de David. S'il n'a pas surpassé Corneille, il l'a du moins égalé dans cette scène sublime et imposante.

A l'exposition de ce tableau, le concours des spectateurs fut immense. Toutes les classes de la société, les cardinaux, les savans, s'empressèrent de lui payer leur tribut d'admiration. Les poëtes le chantèrent ; une foule de sonnets furent adressés à l'auteur. Des troupes de jeunes garçons jonchaient de verdure les approches de sa demeure.

Le prince de l'Académie lui-même, le vieux Pompée Batoni, qui avait comblé David de louanges, à la vue de son tableau *des Pestiférés*, voulut voir celui du *serment des Horaces*, et se rendit à l'exposition malgré son grand âge. En apercevant l'ouvrage et son auteur, ce vieillard fut saisi de joie. Il lui prodigua de nouveau des éloges.

« Ce tableau, lui dit-il, est bien supérieur
» à celui que j'ai déjà loué. Je vous le ré-
» pète encore une fois, restez à Rome,
» vous y serez mon successeur. Je ne
» crains point de blesser ces messieurs,

» ajouta-t-il, en montrant le cortége
» d'artistes dont il était entouré. Aucun
» d'eux n'a, comme vous, le droit d'as-
» pirer à cette succession, et de se voir
» à la tête de notre école. »

David, quoique touché de reconnaissance, remercia le bon vieillard, et persista toujours dans sa résolution de rester français.

Le bruit de cet ouvrage parvint bientôt jusqu'au pape. Il témoigna un vif désir de le voir ; les lois de l'étiquette interdisaient à ce pontife toute visite à un simple particulier. David reçut l'invitation de l'envoyer au Vatican; mais ce tableau appartenait au roi de France; c'était pour lui en faire hommage qu'il avait été composé, et il devait partir de suite pour sa destination. La curiosité du pape ne fut donc pas satisfaite; il ne put le voir, et le cardinal Bernis se chargea d'excuser David auprès du saint-père, en disant, ce qui était vrai, que le tableau était tout disposé à faire, sans délai, le voyage de Paris.

Alors David dit adieu pour toujours à la ville de Rome et à l'Italie; il repartit pour la France. Le *serment des Horaces*, ouvrage infiniment supérieur à tous ceux qui l'avaient précédé, fut accueilli à Paris avec transport, et tous les artistes, d'un accord unanime, décernèrent les honneurs dus à celui qui tenait le sceptre des arts. On renonça à l'ancienne manière pour s'attacher au nouveau caractère qu'il venait d'imprimer à la peinture. Les sculpteurs, les graveurs et les architectes, ne songèrent plus qu'à imiter son genre. Les meubles, les costumes, les ornemens, les broderies, tout changea de goût et de style.

Mais, comme c'est l'usage, tout le monde ne partagea pas cet enthousiasme. Cette réforme subite déplut à quelques vieilles têtes qui, voyant que l'on abandonnait les anciennes habitudes pour leur substituer des idées nouvelles, firent tous leurs efforts pour combattre cette espèce de révolution dans le goût.

A la tête des antagonistes de l'école de David, était M. d'Angivilliers, directeur général des bâtimens. Non-seulement il refusa de donner au tableau le tribut d'éloges que chacun lui apportait; mais il se permit même de le critiquer amèrement.

Il l'avait commandé, de la part du roi, dans la petite dimension, et David, comme font presque tous les artistes en pareille circonstance, l'avait exécuté en grand. A son arrivée, il ne fut pas accueilli par ce directeur, avec tout l'empressement qu'il pouvait en attendre. Il lui avait même refusé la permission de couler un plâtre du *Gladiateur*, pour servir de modèle à ses élèves, sous prétexte qu'un artiste comme lui ne devait pas copier de mauvaises choses. Il lui chercha chicane et l'accusa de désobéissance.

« Pourquoi, lui disait-il, ne vous » êtes-vous pas conformé à la dimen- » sion que je vous avais prescrite ?

— « Je ne l'ai pas fait, répondit Da- » vid, fatigué de ces tracasseries, parce

» que cela ne m'a pas paru convenable. » Au reste, le mal est sans remède, à » moins que vous n'employiez des ci- » seaux pour réduire mon tableau, et » de plus, s'il le faut, ajouta-t-il, je » saurai ne pas réclamer mon paiement. »

Le comte d'Artois, frère du roi, voulut posséder un ouvrage de David. Ce prince était alors le cavalier le plus galant de la cour. On peut du reste en juger par les sujets dont il confiait l'exécution aux peintres. Il avait commandé à Vincent un tableau de *Renaud et Armide*; et il chargea David d'exécuter *les amours de Pâris et d'Hélène*. Celui-ci voulut que cette composition fut rendue digne du prince qui passait en France pour le modèle de la chevalerie. Il y réussit. Aucun peintre avant lui n'avait traité l'amour avec autant d'élévation que dans ce tableau. A la vue de ces contours gracieux, de ces formes enchanteresses, de cette expression vive et tendre, une ivresse involontaire s'empare du spectateur. Les costumes, les ajustemens, sont simples et pleins de goût. Le beau Pâris, couvert du bonnet phrygien, la lyre d'une main, l'autre, posée sur le bras d'Hélène, nous rappelle le portrait qu'en a fait Homère. On assure cependant que ce tableau, malgré son mérite, n'a pas joui d'une grande faveur auprès de l'auteur lui-même.

David composa ensuite un ouvrage d'un genre plus sévère. M. de Trudaine lui demanda un tableau de *la mort de Socrate*. L'idée de faire discourir le philosophe sur l'immortalité de l'âme, sans être distrait par la coupe qu'on lui présente, est exécutée avec la plus grande vérité. Le valet des Onze, détournant la tête au moment où Socrate va saisir le breuvage mortel, est une conception des plus heureuses.

En 1789, la révolution venait d'éclater. Le roi ordonna à David de faire un tableau de *Brutus rentrant dans ses foyers, après avoir condamné ses fils*. Il avait peint les têtes séparées des corps et portées par des licteurs ; mais des considérations politiques le décidèrent à cacher ces têtes, ainsi qu'on les voit aujourd'hui.

Dans les critiques que l'on fit de ce tableau, on s'appliqua à démontrer que, dans cette belle tragédie, il avait négligé l'unité d'action. La séparation formée par les colonnes, paraissait donner lieu à deux scènes, et ces deux scènes, disait-on, formaient deux tableaux. On doit pourtant convenir que cette séparation était un moyen ingénieux de laisser apercevoir, par la mère et les sœurs, les corps décapités, que les licteurs viennent rendre à leurs parens. L'intérêt de ce tableau devait s'accroître de la douleur de ces femmes : par ce moyen, tout se lie à l'action principale. Cette composition fut faite en quelque sorte d'un seul jet ; le fond a la finesse et la transparence des Teniers.

Le 25 septembre 1790, David fit hommage à l'assemblée constituante d'un tableau représentant Louis XVI entrant, le 14 février précédent, dans le lieu de ses séances, et contractant avec la nation l'engagement d'aimer, de maintenir et de défendre la constitution qu'elle se donnerait.

Dès la même année, il avait commencé, par les ordres et sous les auspices de l'assemblée, un tableau dont le sujet était la mémorable séance où les représentans du peuple français, chassés de la salle ordinaire de leurs délibérations, se réfugièrent dans le *jeu de paume* de Versailles, et y prêtèrent le serment de ne se séparer qu'après avoir donné une constitution à la France. Il avait ménagé, à travers une fenêtre, la vue du château de Versailles, enveloppé d'épais nuages d'où s'échappait la foudre. Il fut exposé en 1792. Ce magnifique tableau, un des plus beaux que ce grand peintre nous ait laissés, n'a jamais été achevé, et en voyant la gravure qui en a été faite, on regrette que l'auteur n'ait pu mettre la dernière main à cet ouvrage.

Entraîné dans les mouvemens de la révolution, arraché bientôt à la vie privée, David va se trouver lancé dans la carrière publique, et s'occupera moins des arts comme peintre, que comme législateur et dans leurs rapports avec la politique. Le 15 avril 1792, il fut un des principaux ordonnateurs de la fête donnée aux soldats du régiment de Châteauvieux, condamnés pour insubordination par leurs propres officiers, et selon les lois de leur pays ; mais qu'on représentait alors comme des victimes du despotisme. Lié dès-lors avec tous les chefs du parti républicain, David, déjà membre du corps électoral de Paris, fut nommé député de cette ville à la convention nationale, en septembre 1792. L'artiste dont les souvenirs de Brutus et de Scévola remplissaient l'imagination, dont le talent, dans sa fierté, aspirait à l'indépendance des plus austères républiques, va prendre part aux travaux de cette assemblée.

Après le siége de Lille, le représentant Gossuin proposa, le 8 octobre 1792, à la convention nationale de décréter :

Que la ville de Lille avait bien mérité de la patrie ;

Qu'il serait fait don à cette commune d'une bannière aux trois couleurs, portant pour exergue : *A la ville de Lille, la république reconnaissante ;*

Qu'il serait accordé une indemnité provisoire de deux millions pour dédommager les habitans des malheurs du siége, et relever les édifices ruinés.

David monta à la tribune (26 octobre) et dit :

« Quelques glorieuses que soient la » bannière et l'inscription que le ci» toyen Gossuin vous a proposé de dé» cerner aux habitans de la ville de Lille, » vous avez pensé, sans doute, que ce » monument est trop périssable pour » prouver à la postérité et à l'univers » les sentimens de reconnaissance et d'ad» miration de la république, pour le » courage, le désintéressement et le gé» néreux patriotisme des intrépides ci» toyens de la ville de Lille.

» Je vous propose donc d'élever dans

» cette place, ainsi que dans celle de
» Thionville, un grand monument, soit
» une pyramide, soit un obélisque en gra-
» nit français, provenant des carrières de
» Rhetel, de Cherbourg ou de celles de
» la ci-devant province de Bretagne.

» Je demande, qu'à l'exemple des Égyp-
» tiens et autres anciens, ces deux mo-
» numens soient élevés en granit, comme
» la pierre la plus durable, et qui por-
» tera à la postérité le souvenir de la
» gloire dont se sont couverts les ha-
» bitans de Lille, ainsi que ceux de
» Thionville.

» Je demande aussi que les débris
» des marbres provenant des piédestaux
» des statues détruites dans Paris, soient
» employés aux ornemens de ces deux
» monumens.

» Je crois, et vous penserez comme moi,
» qu'il est de l'équité de la convention
» nationale, comme de la gloire de tous
» les républicains Français, que les noms
» de chacun des habitans de la ville de
» Lille et Thionville, qui y sont morts
» en défendant leurs foyers, soient ins-
» crits en bronze sur ces monumens.

» Je vous propose de décerner une
» couronne civique ou murale à Félix
» Wimpfen et aux autres officiers, sol-
» dats ou habitans, soit de Thionville
» ou de Lille, qui se sont distingués
» pendant ces deux siéges, en attendant
» qu'après leur mort, leurs noms soient
» aussi inscrits sur ces monumens.

» Je propose aussi, qu'à la manière des
» anciens, la convention nationale ajou-
» te aux noms de ces deux villes une épi-

2...

» thète qui caractérisera la gloire que
» leurs défenseurs se sont acquise. Et afin
» de donner à tout individu de tout sexe
» et de tout âge, un signe non périssable
» de ces deux siéges, je vous propose de
» faire frapper une médaille en bronze
» pour chaque habitant de ces deux vil-
» les. Cette médaille sera fabriquée avec
» le bronze provenant aussi des cinq sta-
» tues détruites, et il sera expressément
» défendu de la faire servir à aucun signe
» extérieur de décoration.

» Je désire que cet usage de faire frap-
» per des médailles soit appliqué aussi à
» tous les événemens glorieux ou heureux
» déjà passés, et qui arriveront à la répu-
» blique, et cela à l'imitation des Grecs
» et des Romains, qui, par leurs suites
» métalliques, nous ont non-seulement

» transmis la mémoire des époques remarquables, celle des grands hommes ; mais » nous ont instruits aussi du progrès de » leurs arts.

» Nos artistes français se sont livrés, » des premiers, aux élans du patriotisme, » et plusieurs d'entre eux ont abandonné » leurs occupations paisibles pour se livrer » à tout ce que le soutien de la république » pouvait exiger d'eux ; beaucoup ont préféré, en se rendant aux frontières, la » gloire de la république à leur propre » gloire. La convention ne peut donc, » ce me semble, exprimer sa reconnaissance d'une manière plus digne qu'en » les employant, au nom de la république, à répandre sa gloire dans l'univers » entier, et à faire passer ses travaux à la » postérité la plus reculée.

» C'est à un incendie que la ville de » Londres doit la largeur, la beauté et » la régularité des rues dont elle est per- » cée : je crois donc qu'il serait nécessaire » de relever les villes de Lille et de Thion- » ville sur un plan général, dans lequel » on ferait entrer celui du local le plus » convenable pour élever dans ces deux » villes les monumens de granit que j'ai » proposés. »

L'assemblée applaudit à cette demande, qui fut renvoyée au comité d'instruction publique.

A la séance du 11 novembre, des artistes dessinateurs demandèrent la suppression des Académies. Cette pétition, appuyée par David, fut également renvoyée au comité d'instruction publique.

Un écrivain qui a publié l'histoire de

cette assemblée, acteur lui-même dans ce grand drame, dit au sujet de David, dans ses mémoires :

« David avait alors la dictature des
» arts : par son talent, nul autre n'en
» était plus digne. Ses élèves se faisaient
» remarquer par l'exagération de leur
» patriotisme, et la plupart de leurs
» compositions en étaient empreintes. Ils
» se distinguaient aussi par ce costume du
» moyen âge, dont on voulut un instant
» faire le costume national. On a repro-
» ché à David d'avoir, par jalousie,
» persécuté quelques artistes. Je ne m'en
» suis jamais aperçu. Il y en avait un
» petit nombre qui tenait à l'aristocratie,
» moins par opinion que par reconnais-
» sance ; car la révolution régnait aussi
» dans tous les ateliers. Comme patriote,

» David a pu leur être contraire ; comme » artiste, la supériorité de son talent ne » pouvait le rendre accessible au senti- » ment d'une basse rivalité. Une diffor- » mité accidentelle à la joue, et une » certaine rudesse de manières ne pré- » venaient pas en sa faveur ; mais dans » l'intimité, il avait de la simplicité et » de la bonhomie. * »

« L'antique, introduit déjà dans les » arts par l'école de David, dit ailleurs » cet écrivain, remplaça dans les habits » des femmes, dans la coiffure des deux » sexes et jusque dans les ameublemens, » le gothique, le féodal, et ces formes » mixtes et bizarres, inventées par l'es- » clavage des cours. Si la commodité fut

* Mémoires sur la convention et le directoire t. I, p. 74.

» quelquefois, dans les meubles, sacri» fiée à la pureté du dessin et du coup» d'œil, l'un et l'autre se trouvèrent » réunis dans le costume des femmes. Ce » qu'il y avait dans cet héritage des Grecs » et des Romains d'inconvenant pour nos » mœurs et pour notre climat, a dis» paru depuis, et il n'est resté de cette » imitation trop servile dans le principe, » que ce qui était bon et raisonnable, » et l'Europe s'en est accommodée comme » la France. »

Un des élèves de David, Topino-Lebrun, né à Marseille, était venu à Paris dès son enfance, pour y étudier la peinture. Il avait, auprès de ce maître, fait des progrès rapides, et il était devenu, en peu de temps, un de ses meilleurs élèves. Il était d'un caractère doux, franc et honnête. Le talent de ce jeune peintre, patriote ardent et sincère, faisait concevoir les plus belles espérances. Dès le commencement de la révolution, sa tête méridionale s'était exaltée; son républicanisme devint sombre et ombrageux. Il était sur le point d'abandonner la peinture pour se lancer entièrement dans la politique; mais David, reconnaissant en lui un talent véritable, avait exigé qu'il fît un voyage en Italie.

Il était en Toscane, lorsque David reçut de lui une lettre, datée de Florence (31 octobre 1792), où son élève se plaignait des vexations qu'éprouvaient à Rome les artistes français.

A la séance du 21 novembre, David en fit la lecture à la convention, elle était ainsi conçue :

« Citoyen,

» Je viens offrir à votre zèle l'occasion
» d'être encore utile à la patrie, en la
» faisant respecter au dehors, et en sau-
» vant des flammes inquisitoriales deux
» patriotes français.

» Les citoyens Rater et Chinard *,
» rentrant chez eux dans la nuit du 22
» au 23 septembre, furent assaillis par
» des sbires qui les garrottèrent et les con-

* C'étaient deux jeunes artistes français, de Lyon, qui étudiaient à Rome, le premier l'architecture, le second la sculpture. Rater était fils du célèbre architecte de ce nom, à qui la ville de Lyon doit une grande partie de ses plus beaux édifices, et des agrandissemens considérables. Plus tard, le jeune Rater, rendu à la liberté, s'enferma à Lyon, en 1794, pendant le siége de cette ville. Il s'y distingua dans l'arme de l'artillerie, et contribua vigoureusement à sa défense. Chinard rem-

2....

» duisirent dans les prisons du gouver-
» nement. Peu de jours après, on fit en-
» lever plusieurs modèles de Chinard,
» ainsi qu'un chapeau orné d'une cocarde
» nationale; mais qu'il ne portait que
» chez lui. Les groupes saisis sont : *La*
» *liberté couronnant le génie de la France;*
» *Jupiter foudroyant l'aristocratie;* et *la*
» *religion assise, soutenant le génie de la*
» *France*, dont les pieds posent sur les
» nuages, et dont la tête, ornée de

porta à Rome le premier prix de sculpture, en 1786, honneur que n'avait encore eu aucun français. Il a laissé un grand nombre de bustes et de statues fort estimés. On remarqua à l'exposition de 1806, deux bustes, ouvrages de son ciseau : celui de l'impératrice Joséphine et celui du prince Eugène Beauharnais. Il travailla aux sculptures de l'arc-de-triomphe du Carrousel. Il était membre de l'Académie de Lyon, où il mourut en 1813.

» rayons, indique qu'il est la lumière du
» monde. Eh bien! les *abbati* du gouver-
» nement ont répandu dans toute la ville
» que Chinard avait outragé la religion;
» qu'elle était foulée aux pieds, etc., etc.
» On a transféré les deux prisonniers au
» château Saint-Ange, où ils croupissent
» dans la malpropreté, et l'inquisition
» instruit leur procès.

» On ne parle plus que de Chinard,
» et le bruit court que Rater est mort....
» Ils ont servi l'un et l'autre dans la garde
» nationale de Lyon; Chinard était ca-
» pitaine. Ils devaient partir au premier
» moment pour reprendre leur poste;
» c'est sûrement là leur plus grand tort
» aux yeux de leurs bourreaux.

» M. Chaset, ami des deux détenus,
» reçut ordre de se trouver à l'Inquisi-

» tion, le 16 octobre; il y fut menacé
» des galères s'il ne déposait comme les
» autres témoins qui chargeaient Chi-
» nard: il eut cette faiblesse, et il ne put
» sortir de Rome pour réclamer. On ne
» lui demanda rien sur Rater.

» Vous savez que depuis long-temps
» les Français sont outragés ici. Plusieurs
» sont ignominieusement renvoyés, d'au-
» tres emprisonnés, etc. Ce sont des faits
» qui viennent à l'appui du dernier. Les
» bruits que l'on commence à faire cou-
» rir sur Chinard pour préparer l'opinion
» publique à l'idée d'un *auto-da-fé*, exi-
» gent la plus grande célérité dans les
» réclamations nationales. Vous saurez
» mieux que moi ce qu'il faut faire.

» J'écris par le même courrier au prési-
» dent de la convention; je demande un

» rapport sur cette affaire : il doit en » être instruit.... Ah! mon cher maître, » si nous avions à Rome un ministre » comme en Toscane, l'activité de son » patriotisme aurait évité bien des angois» ses à de malheureux patriotes!

» Il vous paraîtra étonnant de n'avoir » reçu aucune lettre sur cette affaire; » mais, surveillés par des tyrans, nos » amis tremblent, et personne n'ose écrire » de Rome. Je n'en ai moi-même préci» pité mon départ que pour faire des ré» clamations au nom de tous les patriotes » que j'ai laissés gémissant sur le sort de » leurs frères. »

La convention décréta qu'il serait fait sur-le-champ des réclamations auprès de la cour de Rome pour relâcher ces artistes.

Le 26 novembre, le citoyen Romme, au nom du comité d'instruction publique, fit un rapport à la convention sur l'inutilité de la place de directeur de l'Académie française de peinture, de sculpture et d'architecture, établie à Rome, et proposa de décréter :

Que cette place serait supprimée, et que cet établissement serait mis sous la surveillance de l'agent de France ;

Que le régime de cette école serait changé, pour y substituer les principes de liberté et d'égalité qui dirigeaient la république française.

David prit la parole :

« Je demande, dit-il, que le minis-
» tre des affaires étrangères donne ses
» ordres à l'agent de France auprès la cour
» de Rome, pour faire disparaître les mo-

» numens de féodalité et d'idolâtrie qui
» existent encore dans l'hôtel de l'Aca-
» démie de France, à Rome. Je de-
» mande la destruction des bustes de
» Louis XIV et de Louis XV, qui oc-
» cupent les appartemens du premier,
» et que ces appartemens servent d'a-
» teliers aux élèves. »

« Laissons à Kellerman *, répondit
» Carra, le soin de faire tomber tous
» ces monumens de l'orgueil et de la servi-
» tude, et de les confondre dans la
» poussière, avec les emblèmes de l'op-
» pression sacerdotale; n'exposons pas
» ainsi nos jeunes artistes, que l'amour
» des arts a conduits à Rome, au res-

* Ce général commandait alors l'armée française des Alpes, et se proposait de porter la guerre en Italie.

» sentiment d'un prêtre, et aux poi-
» gnards de ses sbires. »

« J'observe, reprit David, que le pape
» n'exerce pas dans Rome un pouvoir
» absolu. Cette ville est divisée en plu-
» sieurs juridictions, telles que celle
» d'Espagne, de Portugal, de France,
» etc. Elle offre en quelque sorte aux
» artistes, une patrie et des lois par-
» ticulières, dont ils peuvent invoquer
» l'appui. Ce n'est jamais que par la
» faute du résident de leur nation qu'ils
» peuvent être opprimés: ils peuvent
» faire un *auto-da-fé* de ces bustes, et
» je suis sûr que le peuple les applau-
» dira. »

Ces observations furent renvoyées au pouvoir exécutif.

Le citoyen Lebrun, ministre des affaires étrangères, annonça à la convention, le 2 décembre, que les citoyens Rater, Chinard, et autres artistes détenus dans les prisons de l'inquisition, avaient été mis en liberté par ordre du pape, sans jugement et avec la faculté de rester à Rome. Ce ministre avait, dès le 23 septembre, adressé ses réclamations à la cour de Rome, qui s'était empressée d'y satisfaire.

Le 5 janvier 1793, David monta à la tribune et dit :

« Citoyens représentans,

» Je ne viens vous proposer que des » vues de paix et de conciliation. Pè- » res-conscrits, les enfans de chaque » département sont également vos fils. » Vous avez décrété que Lille a bien » mérité de la patrie, et vous avez

» bien fait ; vous avez décrété que » Thionville a bien mérité de la patrie, » et vous avez bien fait. Tout le mon- » de dit que Paris a bien mérité de la » patrie ; eh bien ! rendez donc un pa- » reil décret. »

Une foule de voix s'écria : « Il est » rendu. »

Dans toutes les questions relatives au grand procès qui occupa la convention à cette époque, David vota avec la majorité.

Le 20 janvier, le représentant Michel Lepelletier de Saint-Fargeau, qui avait voté de la même manière, étant chez un restaurateur, au Palais-Égalité (Royal), fut assassiné par un ancien garde-du-corps nommé Pâris.

Robespierre prononça, à la convention, l'éloge de son collègue, et fit décréter que les honneurs du Panthéon lui seraient accordés. Le 24, on lui fit des funérailles solennelles ; la convention y assista tout entière.

Le lendemain, la veuve, les deux frères et la fille de Lepelletier, âgée de huit ans, furent admis à la barre de la convention, pour lui témoigner leur reconnaissance des honneurs qu'elle venait de décerner à sa mémoire.

Un des frères du défunt, dit :

« Citoyens,

» Je vous présente la fille de Mi-
» chel Lepelletier, votre collègue. » Puis, prenant l'enfant entre ses bras, et lui montrant le président de la convention,
» Ma nièce, lui dit-il, maintenant
» voilà ton père..... » S'adressant en-

suite aux autres représentans et aux citoyens présens à la séance : « Peuple ! » ajouta-t-il, voilà votre enfant...... » Il prononça ces paroles d'une voix altérée ; et un profond silence régna dans l'assemblée.

L'adoption de Suzanne Lepelletier fut décrétée à l'unanimité.

« Encore pénétré, dit alors David, » de la douleur que nous avons tous » ressentie en assistant au convoi funè- » bre dont vous avez honoré les res- » tes inanimés de notre collègue, je » vous propose de faire élever un mo- » nument en marbre, qui transmette » à la postérité la figure de Lepelletier, » comme vous l'avez vue hier, lors- » qu'il a été porté au Panthéon. Je de- » mande que cet ouvrage soit mis au » concours. »

Cette proposition fut adoptée.

On a vu les dispositions peu favorables de la cour de Rome à l'égard des patriotes français résidant dans cette ville, et surtout des artistes. La mise en liberté de Rater et Chinard faisait espérer qu'ils n'éprouveraient plus de pareilles vexations. Mais l'exécution du décret proposé par David, pour enlever de l'Académie de Rome et du palais de l'ambassadeur l'écusson royal, servit de prétexte à un grand attentat. Le 13 janvier, la populace fut assemblée contre les Français : des abbés donnèrent le signal du carnage. L'ambassadeur Basseville fut assailli dans les rues de Rome, au moment où il se rendait à l'Académie pour y joindre une petite société d'amis et de patriotes qui avaient coutume de s'y réunir une fois la semaine. Il retourna en toute hâte dans son hôtel, où il fut massacré. Presque tous les artistes et les pensionnaires de l'école française éprouvèrent le même sort, et ceux qui parvinrent à s'échapper, après avoir erré dans les états du pape, allèrent se réfugier en Toscane.

De promptes réclamations furent adressées à Paris. Presque tous ces jeunes peintres écrivirent à celui qu'ils regardaient alors comme leur père, à l'artiste dans lequel, depuis le commencement de sa carrière législative, ils voyaient le protecteur des arts.

Le 4 février, à l'ouverture de la séance, David monta à la tribune et dit d'une voix animée :

« Je demande que la convention na-
» tionale charge son comité d'instruction

» publique de lui présenter incessam-
» ment un rapport pour fixer un trai-
» tement aux pensionnaires de l'Acadé-
» mie de France à Rome, aussitôt qu'ils
» seront de retour dans leur patrie. Je
» demande encore que ce traitement
» soit fixé d'après les bases des engage-
» mens pris par l'ancien gouvernement
» avec ces pensionnaires. Je pense, ci-
» toyens, et vous penserez tous comme
» moi, qu'il est de justice rigoureuse
» de tenir ces engagemens. »

Les propositions de David furent sur-le-champ adoptées.

Le 20 février, Félix Lepelletier vint faire hommage à la convention du buste de son frère. L'assemblée l'accueillit avec empressement.

« Citoyens, dit David, je viens d'exa-

» miner le buste qui vous est présenté.
» Il est très-bien fait, et parfaitement
» ressemblant. L'artiste est un jeune
» homme nommé Fleuriot; je demande
» pour lui l'encouragement le plus flat-
» teur, l'inscription de son nom au
» procès verbal. Je demande en second
» lieu que le buste de Michel Lepelle-
» tier soit placé à côté de celui de
» Brutus, et que le président pose
» sur la tête de ce buste la couronne
» qu'il a placée sur la tête de Michel
» Lepelletier, au moment de sa pompe
» funèbre. »

L'assemblée adopta la proposition de David.

L'élan du patriotisme entraînait alors toutes les âmes. Des français de toutes les conditions et de tout âge venaient payer leur tribut à la république. On voyait de toutes parts des citoyens apporter en foule leurs offrandes, soit pour subvenir aux frais de la guerre, soit pour dédommager les parens des guerriers morts en combattant pour la patrie.

Ainsi, le 6 mars, David disait à la convention :

« Je suis chargé, citoyens, de faire hom-
» mage à la patrie, pour le soulagement des
» veuves et des orphelins de Lille, d'une
» somme de six cents livres au nom du
» citoyen Wicar, artiste lillois du plus
» grand mérite, résidant à Florence de-
» puis sept ans ; et de la décoration mi-
» litaire du citoyen Lespinasse, égale-
» ment artiste distingué. »

La mention honorable fut décrétée.

Quoique député à la convention et

membre du comité d'instruction publique et de l'institut, David n'avait pourtant pas abandonné ses pinceaux. Il le prouva, lorsqu'après deux mois de travail seulement, il présenta le 29 mars, à la convention, son tableau des *derniers momens de Michel Lepelletier*.

Il monta à la tribune et prononça ce discours :

« Citoyens représentans,

» Chacun de nous est comptable à
» la patrie des talens qu'il a reçus de
» la nature ; si la ſorme est différente,
» le but doit être le même pour tous.
» Le vrai patriote doit saisir avec em-
» pressement tous les moyens d'éclairer
» ses concitoyens, et de présenter sans
» cesse à leurs yeux les traits sublimes
» d'héroïsme et de vertu.

» C'est ce que j'ai tenté de faire dans » l'hommage que j'offre en ce moment à » la convention nationale d'un tableau » représentant Michel Lepelletier assassi» né lâchement pour avoir voté la mort » du tyran.

» Citoyens, l'Être suprême qui répar» tit ses dons entre tous ses enfans, voulut » que j'exprimasse mes sentimens et ma » pensée par l'organe de la peinture, et » non par les sublimes accens de cette » éloquence persuasive que font retentir » parmi nous les enfans de la liberté. » Plein de respect pour ses décrets im» muables, je me tais, et j'aurai rempli » ma tâche si je fais dire un jour au vieux » père entouré de sa nombreuse famille : » — Venez, mes enfans, venez voir ce» lui de vos représentans qui, le premier,

» est mort pour vous donner la liberté. » Voyez ses traits, comme ils sont sereins! » C'est que quand on meurt pour son » pays, on n'a rien à se reprocher. Voyez-» vous cette épée qui est suspendue sur » sa tête, et qui n'est retenue que par » un cheveu? eh bien, mes enfans, cela » veut dire quel courage il a fallu à Mi-» chel Lepelletier ainsi qu'à ses généreux » collègues, pour envoyer au supplice l'in-» fâme tyran qui nous opprimait depuis » si long-temps, puisqu'au moindre mou-» vement, ce cheveu rompu, ils étaient » tous immolés! Voyez-vous cette plaie » profonde?..... Vous pleurez, mes en-» fans, vous détournez, les yeux! Mais » aussi faites attention à cette couronne; » c'est celle de l'immortalité. La patrie » la tient prête pour chacun de ses en-

» fans : sachez la mériter, les occasions
» ne manquent point aux grandes âmes.
» Si jamais, par exemple, un ambitieux
» vous parlait d'un dictateur, d'un tri-
» bun, d'un régulateur, ou tentait d'u-
» surper la plus légère portion de la sou-
» veraineté du peuple, ou bien qu'un
» lâche osât vous proposer un roi, com-
» battez ou mourez comme Michel Le-
» pelletier, plutôt que d'y jamais con-
» sentir : alors, mes enfans, la couron-
» ne de l'immortalité sera votre récom-
» pense. —

» Je prie donc la convention natio-
» nale d'accepter l'hommage de mon fai-
» ble talent ; je me croirai trop récom-
» pensé si elle daigne l'accueillir. »

On applaudit vivement au discours de David, et son hommage fut agréé.

Le citoyen Sergent demanda que ce tableau fût gravé aux frais de la république, pour être distribué aux peuples qui viendraient demander secours et fraternité à la nation française.

Cette proposition fut sur-le-champ décrétée. Le citoyen Génissieux dit ensuite :

« Il ne faut pas laisser aux malveil-
» lans lieu de dire que les républiques
» sont moins généreuses que les rois.
» Tout le monde a le souvenir encore
» frappé des tableaux de *Brutus* et des
» *Horaces*. Eh bien! ils n'ont pas été
» payés à l'auteur. »

David. — « Allons, passons donc à
» l'ordre du jour; ne nous occupons pas
» de moi. »

Le président. — « Citoyen David, vous

» êtes ici représentant du peuple, et la » parole est à Génissieux. »

Génissieux. — « Le noble désintéressement de David est une raison de plus » pour le forcer à recevoir au moins » l'indemnité de ses dépenses. »

Mathieu. — « Il est des objets qui ne » doivent pas se rencontrer en même » temps. Ce n'est pas au moment où » David fait hommage d'un tableau qui » consacre le patriotisme d'un représen- » tant du peuple, qu'il faut s'occuper » du paiment de ses autres ouvrages. » Si David, avant la révolution, nous » a retracé les images sacrées de *Brutus* » et des *Horaces*, eh bien! il a sa ré- » compense dans son cœur. Au surplus, » si la patrie a une dette à lui payer, » vous avez un ministre chargé de dé-

» cerner des couronnes civiques aux
» talens déjà sûrs de l'immortalité. C'est
» au ministre qu'il faut renvoyer cet ob-
» jet. »

Alors David reprit la parole :

« Si la Nation, dit-il, croit me devoir
» quelque indemnité, je demande que
» cet argent soit consacré au soulage-
» ment des veuves et des enfans de ceux
» qui meurent pour la défense de la li-
» berté. »

Il avait à peine prononcé ces mots, lorsque de vifs applaudissemens vinrent couvrir sa voix, et la proposition de Mathieu, tendante à décerner une couronne civique à David, fut décrétée.

La section du Louvre était celle qui, dans Paris, avait fourni le plus de soldats à la république. A la séance du 29 mars, une compagnie de canonniers de cette section fut admise à la barre pour y prêter son serment.

David dit en la voyant entrer :

« C'est pour la neuvième fois que des » volontaires de la section du Louvre » défilent dans cette enceinte ; je de- » mande que la convention nationale » décrète que cette section a bien mérité » de la patrie. »

Cette proposition fut décrétée.

Le 3 avril 1793, dans une séance permanente qui fut extrêmement orageuse, Pétion dit en fixant Marat :

« Le moment est venu de chasser de » cette enceinte ces hommes audacieux et » scélérats qui nous avilissent et qui nous » menacent sans cesse du poignard des » assassins.... »

— « C'est vous, s'écria Marat avec » violence, c'est vous qui êtes des assas- » sins!... »

Les cris d'indignation de l'assemblée couvrirent sa voix.

David, épousant la cause de Marat, s'élance précipitamment au milieu de la salle.

« Je vous demande, s'écria-t-il, que » vous m'assassiniez.... Je suis aussi un » homme vertueux.... La liberté triom- » phera!.... »

Une vive agitation succéda à ces apostrophes.

Pétion. — « Qu'est-ce que prouve » l'action de David? Rien; si ce n'est le » dévouement d'un honnête homme en » délire et trompé par des scélérats.... » Tu t'en aperceveras, David. »

David. — « Jamais ! »

Le 16 juin, à l'ouverture de la séance, David annonça qu'un jeune artiste, ayant modelé le général Dampierre, demandait de faire hommage à la convention de son ouvrage. Il fut admis à la barre, et l'assemblée accepta son offre.

Sur la proposition de David, elle accorda en outre à ce jeune artiste, la somme de mille livres en indemnité de trois bustes dont il devait placer l'un au Panthéon, l'autre aux archives, et envoyer le troisième à l'épouse de Dampierre.

Le 23 juin 1793, une fête civique fut célébrée à Paris. La convention chargea David d'y assister. Il devait en outre s'informer de l'esprit de plusieurs compagnies de canonniers qui allaient quitter Paris pour se rendre aux frontières.

Le 24, David dit à l'assemblée :

« Citoyens, je me suis acquitté de la
» mission dont vous m'aviez chargé hier ;
» je me suis transporté au milieu de nos
» frères les braves canonniers ; là, j'ai
» parlé à ces frères purs, que les sugges-
» tions perfides des ambitieux sont bien
» loin d'atteindre. Ils ont deviné le mo-
» tif qui m'amenait parmi eux, et, loin
» de s'en offenser, ils s'en sont réjouis.
» Ah ! citoyens, comment vous retrace-
» rai-je les émotions vives de ce peuple
» généreux, qui préfère se vouer à la
» mort plutôt que de trahir les intérêts
» de la patrie.

» J'ai vu couler tes larmes, peuple ma-
» gnanime ! ne t'en défends pas ; elles
» font honneur à ton courage. Achille
» pleurait aussi, les Romains ont pleuré

» et les Cannibales, auxquels on t'a comparé, ne pleuraient pas.

» Oui, citoyens, tels sont les citoyens de Paris. Il règne entre eux une union indissoluble, contre laquelle viendront se briser tous les efforts du despotisme et de l'anarchie. Ils ne respirent que l'amour de l'égalité, l'obéissance aux lois, qui seules peuvent assurer le bonheur du peuple; tel est l'esprit des canonniers, celui de la France entière.

» En vain, me disaient-ils, des hommes perfides, qui épient tous les mouvemens pour en abuser, toutes les passions pour les aigrir, tous les désordres pour les augmenter, veulent, dans les circonstances où se trouve la France, nous inspirer des sentimens de haine contre les citoyens des autres

» départemens. Ces citoyens sont Français, ils sont républicains, ils sont nos
» frères; leur âme est embrasée du patriotisme qui enflamme tous les habitans de Paris. S'ils marchent vers nos
» murs, nous irons au devant d'eux, non
» pour les combattre, mais pour les serrer dans nos bras. Nous leur dirons:
» frères et amis, nos cœurs sont unis,
» ils s'entendent; nous demandons comme vous la liberté, l'égalité, la république, les lois vraiment populaires et
» la fin de l'anarchie. Maintenant, unissons nos armes, les ennemis de la
» France bordent le Rhin et la Moselle,
» le fanatisme souille la Loire et la Vendée du sang des patriotes; allons en
» masse secourir et venger nos frères,
» c'est-là que la patrie nous appelle.

» Ainsi me parlèrent, citoyens repré-
» sentans, ces généreux républicains.
» Des cris de *Vive la république, vive la*
» *convention nationale !* se firent entendre
» de toutes parts. L'aristocratie en a pâli.
» On a vu la discorde éteindre en ce mo-
» ment ses flambeaux ; elle a fui.

» Après avoir rempli la mission dont
» vous m'avez chargé auprès de nos bra-
» ves canonniers, je suis allé au champ de
» Mars. Ici la scène change. Ce n'étaient
» plus ces fiers enfans du dieu qu'on y
» révère ; c'étaient de vieux républicains,
» des mères de famille, qui, par leur
» exemple, donnaient à leurs enfans les
» premières leçons de la vertu. Trois fois
» elles firent le tour de l'autel de la pa-
» trie, en chantant des hymnes saintes à
» la liberté, trois fois le peuple répondit

» à ces accens, si chers à son cœur. Le » maire de la ville de Paris harangua les » citoyens, et le peuple, en bénissant ses » représentans, répondit : *Vive la con-* » *vention nationale!* Vive la liberté! *Vive* » *à jamais la république!* »

On applaudit vivement, et l'assemblée décréta l'insertion de ce récit au bulletin des lois.

David fut chargé par le comité d'instruction publique de faire un rapport à la convention sur la fête du 10 août, dont il devait être l'ordonnateur. Le 11 juillet, il présenta donc à l'assemblée un long programme pour cette solennité.

Celui qui devait porter la raison dans les œuvres du génie, celui qui, par la simplicité de ses conceptions, devait ramener l'école des peintres français à ce caractère calme et noble, abandonné depuis si long-temps, David enfin, le plus sage des peintres, s'était rangé parmi les membres les plus exaltés de la convention. Il crut voir se réaliser ce beau retour aux mœurs antiques, idoles de son génie. Son imagination ardente et l'extrême exaltation de son républicanisme remplissaient sa tête d'illusions et de prestiges. Il voyait Phocion dans Marat, et dans Robespierre un nouveau Marius. L'un était un tyran atrabilaire, l'autre un démagogue furibond, réunissant à des traits hideux une âme sanguinaire. Il s'était nommé *l'ami du peuple*, et le peuple, fasciné par ses flagorneries, lui décernait ce titre. L'apologiste des massacres de septembre (1792) périt par le poignard d'une jeune fille, qui crut servir son pays en frappant Marat dans son bain.

Le 14 juillet, une députation, dont le citoyen Guirault était orateur, vint exprimer les regrets du peuple à la convention.

« O crime! dit-il, une main parricide » nous a ravi le plus intrépide défenseur » du peuple. Il s'était constamment sa- » crifié pour la liberté. Nos yeux le cher- » chent encore parmi vous, représentans. » O spectacle affreux! Il est sur un lit de » mort. Où es-tu, David? Tu as transmis » à la postérité l'image de Lepelletier » mourant pour la patrie. Il te reste en- » core un tableau à faire.... »

« Oui, je le ferai! » s'écria David d'une voix émue.

La convention décréta ensuite que tous les représentans assisteraient aux funérailles de Marat, et David fut nommé commissaire pour ordonner cette pompe funèbre.

Le 17 juillet, il dit à l'assemblée :

« En vertu de votre décret, la dépouille
» mortelle de Marat sera inhumée aujourd'hui
» à cinq heures du soir, sous
» les arbres où il se plaisait à instruire ses
» concitoyens. Sa sépulture aura la simplicité
» convenable pour un républicain
» incorruptible, mort dans une honorable
» indigence. C'est du fond d'un souterrain
» qu'il désignait au peuple ses amis
» et ses ennemis ; que mort il y retourne,
» et que sa vie vous serve d'exemple !
» Caton, Aristide, Socrate, Timoléon,
» Fabricius et Phocion, vous dont j'admire
» la respectable vie, je n'ai pas vécu
» avec vous ; mais j'ai connu Marat, et je

» l'ai admiré comme vous ! la postérité
» lui rendra justice. »

L'assemblée se réunit à cinq heures du soir et assista à la cérémonie funèbre.

Le 11 août, David proposa à l'assemblée de faire placer dans le lieu de ses séances l'arche constitutionnelle, et le faisceau de l'unité dont il voulait fournir le dessin.

Le 20, sur la proposition de David, l'assemblée décréta qu'il serait frappé une médaille en bronze, de deux pouces de diamètre, pour perpétuer le souvenir de la réunion fraternelle qui avait eu lieu le 10 août, lors de l'acceptation de la constitution.

David tint la promesse qu'il avait faite à la convention, de peindre *Marat expirant.* Il le représenta au moment où, étendu dans sa baignoire et venant d'être frappé, le sang s'échappe à grands flots de sa blessure. Ce portrait est d'une vérité frappante, et peut-être, sous le rapport de la ressemblance et de l'énergie, doit-il être considéré comme un de ses chefs-d'œuvre.

L'auteur lui-même paraissait donner à ce tableau, et à celui de *Lepelletier mourant*, la préférence sur tous les autres. L'impartialité de sa critique sur plusieurs de ses ouvrages, doit faire concevoir une très-haute idée de ces deux tableaux.

Le 20 vendémiaire, an 2 (11 octobre 1793), David annonça à la convention qu'il avait terminé son tableau de *Marat expirant ;* qu'il désirait, pendant quelque temps, retirer celui de *Michel Lepelletier* de la salle des séances, pour les exposer tous les deux dans sa maison, aux regards du public. L'assemblée y consentit.

Comme beaucoup de députés de la convention, David était membre de la société des *Jacobins.* Il fréquentait quelquefois ses séances ; mais les monumens de cette époque ne déposent pas qu'il ait pris beaucoup de part à ses travaux.

Le 17 brumaire an 2, David monta à la tribune de la convention et dit :

« Les rois, ne pouvant usurper dans » les temples la place de la divinité, » s'étaient emparés de leurs portiques. Ils » y avaient placé leurs effigies, afin, » sans doute, que les adorations des peu- » ples s'arrêtassent à eux avant d'arri- » ver jusqu'au sanctuaire. C'est ainsi, » qu'accoutumés à tout envahir, ils » osaient disputer à Dieu même l'encens » que lui offraient les hommes. Vous

» avez renversé ces insolens usurpateurs.
» Objets de la risée des peuples, ils gissent sur la terre qu'ils ont souillée
» de leurs crimes. Qu'un monument,
» élevé dans l'enceinte de la commune
» de Paris, non loin de cette église
» dont ils avaient fait leur Panthéon,
» transmette à nos descendans le premier trophée élevé par le peuple souverain, de sa victoire sur les tyrans.
» Que les débris tronqués de leurs statues forment un monument durable
» de la gloire du peuple et de leur
» avilissement. Que le voyageur, qui
» parcourt cette terre nouvelle, reportant dans sa patrie des leçons utiles aux
» peuples, dise : j'ai vu des rois dans Paris ; j'y ai repassé : ils n'y étaient plus. »

Des applaudissemens réitérés interrompirent son discours ; il reprit ensuite :

« Je propose donc de placer ce mo-
» nument sur la place du Pont-Neuf;
» il représentera l'image du peuple géant,
» du peuple français.

» Que cette image imposante par son
» caractère de force et de simplicité,
» porte, écrit en gros caractères sur
» son front : *lumière* ; sur sa poitrine :
» *nature, vérité*; sur ses bras : *force, cou-*
» *rage*. Que sur l'une de ses mains, les
» figures de la liberté et de l'égalité,
» serrées l'une contre l'autre, et prêtes
» à parcourir le monde, montrent qu'elles
» ne reposent que sur le génie et la ver-
» tu du peuple ! Que cette image du
» peuple, *debout*, tienne dans son autre
» main cette massue terrible dont les
» anciens armaient leur Hercule. C'est

» à nous d'élever un tel monument. Les » peuples qui ont aimé la liberté en » ont élevé de semblables. Non loin de » nous sont les ossemens des esclaves » des tyrans qui voulurent attaquer la » liberté helvétique; ils sont élevés en » pyramides, et menacent les rois té- » méraires qui oseraient souiller le ter- » ritoire des hommes libres.

» Ainsi, dans Paris, les effigies des » rois et les débris de leurs vils attri- » buts seront entassés confusément, et » serviront de piédestal à l'emblème du » peuple français. »

Après ce discours, pendant lequel David fut souvent interrompu par des applaudissemens, il lut et fit adopter un projet de décret pour l'érection de ce monument.

3.....

On a vu que David avait dépeint avec attendrissement les derniers momens de Marat. A la séance du 24 brumaire, il parut à la tribune, et déplora, avec chaleur, la perte de ce monstre.

« Citoyens,

» Le peuple redemandait son ami; sa
» voix désolée se faisait entendre, il pro-
» voquait mon art; il voulait voir les
» traits de son ami fidèle. David! Saisis
» tes pinceaux, s'écria-t-il, venge notre
» ami, venge Marat! Que ses ennemis
» vaincus pâlissent encore en voyant ses
» traits défigurés. Réduis-les à envier le
» sort de celui que, n'ayant pu vaincre,
» ils ont eu la lâcheté de faire assassiner!
» J'ai entendu la voix du peuple, j'ai
» obéi.

» Accourez tous, la mère, la veuve,

» l'orphelin, le soldat opprimé, vous tous
» qu'il a défendus au péril de sa vie! ap-
» prochez, et contemplez votre ami! Ce-
» lui qui veillait pour vous n'est plus. Sa
» plume, la terreur des traîtres, sa plume
» échappe de ses mains! O désespoir!
» notre infatigable ami est mort! Il est
» mort votre ami, en vous donnant son
» dernier morceau de pain; il est mort
» sans laisser de quoi se faire enterrer.
» Postérité, tu le vengeras, tu diras à
» nos neveux combien il eût pu posséder
» de richesses, s'il n'eût préféré la vertu
» à la fortune! Humanité, tu diras à
» ceux qui l'appelaient buveur de sang,
» que jamais ton enfant chéri, que ja-
» mais Marat ne t'a fait couler de lar-
» mes!

» Toi-même je t'évoque, ô exécrable

» Calomnie ! oui, je te verrai un jour, et » ce jour n'est pas loin, étouffant dans » tes mains tes serpens desséchés, mou- » rir de rage en avalant tes propres poi- » sons. Alors on verra l'aristocratie épui- » sée, confuse, ne plus oser se montrer.

» Et toi, Marat, du fond de ton tombeau » tes cendres se réjouiront, tu ne regret- » teras plus ta dépouille mortelle ; ta » tâche glorieuse sera remplie, et le peu- » ple, une seconde fois couronnant tes » travaux, te portera dans ses bras au » Panthéon.

» C'est à vous, mes collègues, que j'of- » fre l'hommage de mes pinceaux ; vos » regards, en parcourant les traits livi- » des et ensanglantés de Marat, vous rap- » pelleront ses vertus, qui ne doivent ja- » mais cesser d'être les vôtres.

» Citoyens, lorsque nos tyrans, lors-
» que l'erreur égaraient encore l'opinion,
» l'opinion porta Mirabeau au Panthéon.
» Aujourd'hui, les vertus, les efforts du
» peuple ont détruit le prestige. La vé-
» rité se montre, et devant elle la gloire
» de l'ami des rois se dissipe comme une
» ombre. Que le vice, que l'imposture
» fuient du Panthéon; que le peuple y
» appelle celui qui ne le trompa jamais.

» Je vote, pour Marat, les honneurs
» du Panthéon. »

Granet demanda que Mirabeau fût mis hors du Panthéon pour faire place à Marat.

Laloy, président, répondit que Marat ne devait remplacer personne.

La convention rendit le décret suivant :

« Art. Ier. Les honneurs du Panthéon » seront décernés à Marat, *l'ami et le* » *représentant du peuple*.

» II. Le comité d'instruction publique » présentera le plan de la cérémonie.

» III. Les tableaux de *Lepelletier* et de » *Marat*, peints par David et offerts par » lui à la nation, seront placés dans le » lieu des séances des représentans du » peuple.

» IV. Ils seront gravés sous la direc- » tion de David, qui choisira lui-même le » graveur.

» V. La trésorerie nationale tiendra à » la disposition du ministre de l'intérieur » jusqu'à concurrence de vingt-quatre » mille livres, pour subvenir aux frais de » gravure et d'impression.

» VI. Mille exemplaires de chaque gra-

» vure seront distribués aux représentans
» du peuple et aux départemens; le sur-
» plus sera déposé aux archives.

» VII. Après avoir tiré mille exem-
» plaires, les planches resteront à David.

» VIII. Les tableaux, après avoir été
» placés dans le lieu des séances de la
» convention, ne pourront en être reti-
» rés sous aucun prétexte par les législa-
» teurs qui lui succéderont. »

Si Robespierre avait ménagé Marat, s'il avait paru même approuver ses discours et ses écrits, c'est qu'il le regardait comme un instrument utile à ses desseins, comme un organe par lequel il pouvait parler au peuple et s'en rendre maître; mais si, comme l'indiquent tous les témoignages que nous avons cités, David voyait de bonne foi en Marat un représentant vertueux, un nouveau Fabricius, on ne doit attribuer cette erreur qu'à l'extrême exaltation de ses idées républicaines.

Le lendemain, à la séance du 25 brumaire, David parla en homme maître de son sujet, sur les arts et leur influence dans la société.

« Citoyens, dit-il, votre comité d'instruction publique a considéré les arts
» sous tous les rapports qui doivent les
» faire contribuer à étendre les progrès
» de l'esprit humain, à propager et à
» transmettre à la postérité les exemples
» frappans des efforts d'un peuple im-
» mense, guidé par la raison et la philoso-
» phie, ramenant sur la terre le règne
» de la liberté, de l'égalité et des lois.
» Les arts doivent donc puissamment

» contribuer à l'instruction publique.
» Trop long-temps les tyrans, qui re-
» doutent jusqu'aux images des vertus,
» avaient, enchaînant jusqu'à la pensée,
» encouragé la licence des mœurs, étouffé
» le génie....

» Les arts sont l'imitation de la nature
» dans ce qu'elle a de plus beau et de
» plus parfait; un sentiment naturel à
» l'homme l'attire vers le même objet.
» Ce n'est pas seulement en charmant
» les yeux que les monumens des arts ont
» rempli le but, c'est en pénétrant l'âme,
» c'est en faisant sur l'esprit une impres-
» sion profonde, semblable à la réalité.
» C'est alors que les traits d'héroïsme,
» de vertus civiques, offerts aux regards
» du peuple, électriseront son âme et
» feront germer en lui toutes les passions

» de la gloire, de dévouement pour la » patrie. Il faut donc que l'artiste ait » étudié tous les ressorts du cœur hu- » main ; il faut qu'il ait une grande con- » naissance de la nature ; il faut en un » mot qu'il soit *philosophe*. Socrate, ha- » bile sculpteur, J. J. Rousseau, bon » musicien, l'immortel Poussin traçant sur » la toile les plus sublimes leçons de » philosophie, sont autant de témoins » qui prouvent que le génie des arts ne » doit avoir d'autre guide que le flam- » beau de la raison.

» Si l'artiste doit être pénétré de ces » sentimens, le juge doit l'être encore » davantage. Votre comité a pensé qu'à » cette époque, où les arts doivent se » régénérer comme les mœurs, aban- » donner aux artistes seuls le jugement

» des productions du génie, ce serait les » laisser dans l'ornière de la routine où » ils se sont traînés devant le despotisme » qu'ils encensaient. C'est aux âmes fortes, » qui ont le sentiment du vrai, du grand, » que donne l'étude de la nature, à donner » une impulsion nouvelle aux arts. »

Il proposa ensuite une liste composée de savans, d'artistes dans tous les genres et de magistrats, pour former le jury national des arts. La convention adopta cette liste et décréta qu'elle serait imprimée pour être soumise au jugement du public.

Le 5 frimaire, un artiste nommé Dutaillis se présenta à la barre. Il était allé à Rome pour y étudier la peinture. Après avoir été témoin du massacre de Basseville, le 13 janvier, il avait vu égorger ses camarades et piller sa propre maison. Plongé lui-même dans un cachot, il n'en était sorti qu'au bout de trois mois, et venait, dénué de tout, implorer la générosité des représentans.

David parla en sa faveur et lui fit délivrer provisoirement un secours de douze cents livres.

Le 28 frimaire, David demanda à l'assemblée la suppression d'une foule de commissions des arts qui avaient détourné, pour achat d'objets inutiles ou peu précieux, des fonds fournis par la république.

Il proposa aussi de réorganiser la commission du Muséum, dont les membres étaient ou peintres, qui n'en avaient que le nom, ou artistes sans patriotisme, que la faveur des ministres précédens y avait placés. Ces mesures furent adoptées.

A la séance du 5 nivôse, David présenta un projet de fête pour célébrer la prise de Toulon. « Il ne suffit pas, disait-» il, de chanter les succès des défenseurs » de la patrie, il faut les célébrer. Il est » temps que la convention apprenne à » la France que sa reconnaissance n'a » point de bornes envers les soldats de » la patrie, et que ses promesses ne sont » point un vain mot. »

Il lut un projet de décret. La fête devait être célébrée en l'honneur des quatorze armées de la république, elles devaient y être représentées chacune par un char de triomphe, et l'armée navale par un grand navire.

Le 8 nivôse, on annonça à la convention un trait d'héroïsme d'un jeune guerrier de l'armée de la Vendée, Barra, âgé de treize ans. Il avait fait des prodiges de valeur pendant toute la campagne; au milieu d'un combat, entouré de Chouans qui, d'un côté, lui présentaient la mort, et de l'autre le sommaient de crier *vive le roi*, il était mort sous leur bayonnettes en criant *vive la république*! Cet enfant nourrissait sa mère avec sa paie. Son âme se partageait entre l'amour filial et l'amour de la patrie.

Les représentans décrétèrent d'une voix unanime que les honneurs du Panthéon lui seraient décernés, et David fut spécialement chargé de prêter ses talens à l'embellissement de cette fête.

« Ce sont de telles actions que j'aime » à retracer, dit-il. Je remercie l'Être-» Suprême de m'avoir donné quelques » talens pour célébrer la gloire des hé-

» ros de la république. C'est en les con-
» sacrant à cet usage que j'en sens sur-
» tout le prix. »

L'assemblée applaudit, et chargea David de présenter, dès le lendemain, un projet pour cette fête.

Déjà membre du comité de sûreté générale, David fut élu, le 16 nivôse, président de la convention ; il commença à occuper le fauteuil le 17.

A la séance du 22, des représentans du peuple bouillonnais furent admis à la barre.

« Représentans, dirent-ils, nous ré-
» clamons la réparation des torts que
» nous avons soufferts, l'exécution de
» vos principes, celle des lois que
» vous avez rendues ; nous réclamons
» les preuves de l'amitié que la nation

» française nous a promise, et enfin les
» avantages d'une neutralité si précieuse
» pour nous. »

David répondit à cette députation :

« Représentans du peuple bouillon-
» nais, la convention nationale, fidèle
» à ses engagemens qu'elle n'a jamais
» méconnus, plus fidèle encore aux lois
» de la justice qui la dirigent, ne s'en
» écartera jamais dans aucune circons-
» tance, ni à l'égard d'aucun peuple,
» quelle que soit son existence politique.

» Voilà les principes des représentans
» du peuple français, et la réponse qu'ils
» leur dictent à votre pétition. La con-
» vention nationale la fera scrupuleuse-
» ment examiner par le comité qui doit
» en connaître, et vous accorde les hon-
» neurs de la séance. »

Cette pétition fut renvoyée au comité de salut public.

Le 24 nivôse, David parla de nouveau en faveur des arts.

« C'est à la convention, dit-il, fon-
» datrice d'une république qui a pour
» base l'égalité et la liberté, c'est aux
» représentans d'un peuple qui ne re-
» connaît d'autre distinction que celle
» des talens et de la vertu, à encoura-
» ger les artistes qui consacrent leurs
» moyens à perpétuer le souvenir des
» assassinats commis par les royalistes.

» Les citoyens Ricard et Devaux ont
» dessiné les tableaux de *Lepelletier* et
» de *Marat*, d'après les originaux que
» j'ai peints. Je demande qu'il soit fait
» mention honorable, dans votre procès
» verbal, de l'ouvrage de ces artistes. Je

» demande aussi que la convention ap-
» prouve le choix fait par notre collè-
» gue Battelier du citoyen Ricard, pour
» directeur des ateliers de peinture et
» de la manufacture des porcelaines à
» Sèves. »

Ces propositions furent décrétées.

On a vu que David avait fait supprimer la commission du Muséum, et fait décréter l'établissement d'un conservatoire plus actif de ce précieux dépôt.

Il dit, à la séance du 27 nivôse :

« Je vous ai indiqué, citoyens, les
» vices des choix qui avaient été faits,
» et, pour en préparer de meilleurs,
» je vous ai présenté des artistes, la
» plupart victimes de l'orgueil acadé-
» mique, qui les accablait de ses dédains,
» et les repoussait loin de ses fauteuils. La

» liste en a été imprimée, et le public » a été à même de les juger.

» S'il est un artiste, s'il est un homme » à talent qui pense avoir à se plaindre » de ne pas voir son nom inscrit sur » cette liste, nous lui dirons : mon ami, » tu es un artiste; nous n'avons pas eu » la pensée de te fermer la carrière; si » tu n'es point admis à l'emploi hono- » rable de garder les plus belles pro- » ductions des arts, tu n'es point exclu » de l'honneur d'en augmenter le nombre.

» S'il est, parmi les membres de l'an- » cienne commission du Muséum, un » homme qui voie une injustice dans » son exclusion, nous lui dirons : mon » ami, tu as du talent, venge-toi par » tes travaux; embellis le Muséum, » rentres y par tes ouvrages.

» Oui, citoyens, ne vous y trompez
» pas, le Muséum n'est pas un vain ras-
» semblement d'objets de luxe et de fri-
» volité. Il faut qu'il devienne une
» école importante. A la vue des pro-
» ductions du génie, le jeune français
» sentira naître en lui le genre d'art
» ou de science auquel l'appelle la na-
» ture.

» Une négligence coupable a porté
» des coups funestes aux monumens de
» l'art; des mains ignorantes, auxquelles
» ils étaient confiés, ont laissé s'abîmer
» dans la poudre, les beaux ouvrages de
» Raphaël, du Dominiquin, du Corrège,
» du peintre philosophe Le Poussin, et
» d'une infinité d'autre. Des pinceaux
» grossiers ont gâté les chefs-d'œuvre
» d'harmonie de Claude-Lorrain, qui

» éblouissaient les regards, et les œuvres » admirables de ce Vernet, qu'ils ont » crues assez anciennes, pour vouloir » les restaurer, de sorte, qu'aujourd'hui, » les amateurs cherchent en vain à y » voir les premières compositions de l'au- » teur. Cette énumération ne finirait » pas, citoyens, si je devais vous parler » ici de tous les objets d'art que la né- » gligence a laissé détruire.

» Lorsqu'au milieu des inquiétudes in- » séparables de la liberté, dans une ré- » publique naissante, on vient porter » dans vos âmes et sur vos fronts la joie » que doivent inspirer les triomphes de » nos légions sur les despotes coalisés, » vos regards alors semblent se porter » avec complaisance sur les beaux-arts, » également faits pour embellir la paix

» et décorer les pompes triomphales. Dans
» les mouvemens expansifs et les civi-
» ques affections qui vous pénètrent,
» vous sentez tous que de grands événe-
» mens doivent laisser d'immortels sou-
» venirs. Eh bien ! c'est toujours de cette
» hauteur qu'il faut considérer le do-
» maine des arts. C'est dans ce sublime
» mouvement que vous avez voulu dé-
» cerner, en un même jour, à nos qua-
» torze armées, un triomphe dont le
» peuple était à la fois l'ornement et l'ob-
» jet. »

Ensuite, David lut et fit adopter un projet de décret, qui contenait l'organisation définitive du conservatoire du Muséum national, et déterminait les appointemens de ses membres.

Le 1er pluviôse, David annonça à la

convention que les gendarmes qui avaient composé sa garde étaient arrivés de la Vendée.

L'assemblée les admit à la barre, et les gendarmes, en entrant dans la salle, furent couverts d'applaudissemens.

Le commandant prit la parole :

« Citoyens représentans, dit-il, pénétrés des bontés de l'assemblée qui a daigné penser à nous, au milieu des immenses travaux dont elle est occupée, les expressions nous manquent pour vous témoigner notre reconnaissance. Nos frères nous ont donné un laurier dont nous avons mérité tout au plus une petite feuille. Souffrez que je le dépose sur le bureau pour qu'il soit distribué également à tous ceux qui s'en sont véritablement rendus dignes. Nous

» revenons en beaucoup plus petit nombre que nous ne sommes partis ; mais » devons-nous regretter nos frères?.... » Ils ont eu la gloire de mourir pour la » patrie. Il ne nous reste plus qu'une » grâce à vous demander, elle comblera » les bienfaits que nous avons reçus de » vous, c'est de placer deux factionnaires aux portes de la salle. »

David leur répondit :

« Vengeurs de la patrie, destructeurs » de la royauté et de la superstition dans » la Vendée, quel spectacle vous offrez » aux représentans et à la république entière ! Quel plus beau témoignage de » dévouement à la patrie que ces blessures, ces cicatrices honorables qui vous » décorent !

» Vieillards, vos enfans sont dignes de

» vous; soldats, vous êtes dignes de la » patrie; et vous, pères, mères, épou» ses, enfans, qui revoyez dans ces guer» riers les plus chers objets de votre affec» tion, et qui les accompagnez ici, vous » êtes heureux, puisque vous pouvez em» brasser ceux qui sont à tant de titres les » défenseurs de la patrie.

» Amis, la vertu survit au crime, puisque » vous existez et que la Vendée n'est plus.

» Ce triomphe n'appartient qu'à des » républicains; esclaves, cachez-vous, » vous ne pouvez les imiter !

» La convention vous reçoit avec atten» drissement et vous invite aux honneurs » de la séance. »

Ce même jour, David cessa de présider l'assemblée; il avait occupé le fauteuil pendant treize jours.

Le 21 pluviôse, David dénonça un sculpteur nommé Liénard, qui contre-moulait les ouvrages des autres, et demanda que le comité d'instruction publique fût chargé de présenter à la convention une loi pour consacrer d'une manière certaine les propriétés des artistes, afin, disait-il, d'empêcher les frelons de dévorer le miel des abeilles.

Le 4 germinal, il présenta à la convention une réclamation de la société populaire de Dinant, qui témoignait de l'inquiétude relativement à une offrande patriotique de 500 livres dont elle n'avait vu faire aucune mention.

« Cette démarche de ma part, dit Da-
» vid, la convaincra d'abord qu'on s'est
» occupé de sa réclamation. »

La convention chargea la commission

des dons patriotiques de tranquilliser ces généreux citoyens.

Le 18 germinal, lorsque la convention apprit la mort du représentant Beauvais, David dit :

« Je demande que sur la maison où
» mourut notre collègue, on mette une
» inscription qui fera connaître ses ver-
» tus, et que cette inscription soit ac-
» compagnée d'une palme civique en
» sculpture. »

Cette proposition fut renvoyée au comité d'instruction publique.

Le 19 prairial, David lut à la convention et fit adopter un long programme qu'il avait composé pour la fête de l'Être-Suprême.

Nous avons rapporté la mort héroïque du jeune Barra. Agricole Viala, héros d'un âge encore plus tendre, venait d'offrir à peu près dans le même temps, au combat d'Avignon, un exemple non moins touchant de dévouement à la patrie. La convention avait décrété que les honneurs du Panthéon leur seraient accordés à tous les deux dans le même jour.

Le 3 thermidor, David présenta à la convention un plan pour cette fête, précédé d'un discours trop long pour pouvoir être rapporté ici en entier; mais dont nous citerons plusieurs passages.

« Les hommes, disait-il, ne sont que
» ce que le gouvernement les fait; cette
» vérité fut de tous les temps. Le despo-
» tisme atténue et corrompt l'opinion pu-
» blique, ou, pour mieux dire, là où il
» règne il n'en peut exister. Il proscrit
» avec soin toutes les vertus, et, pour

» assurer son empire, il se fait précéder
» de la terreur, s'enveloppe du fanatis-
» me, et se coiffe de l'ignorance. Partout
» la trahison, à l'œil louche et perfide,
» la mort et la dévastation le suivent : il
» traîne aussi après lui l'avilissement et
» les ténèbres, qu'il répand sur toutes
» les régions qu'il parcourt. C'est dans
» l'ombre qu'il médite ses forfaits et rive
» les fers de ses victimes. Ingénieux à
» persécuter les humains, il élève des
» bastilles dans ses momens de loisir; il
» invente des supplices et repait ses yeux
» des cadavres immolés à sa fureur.

» Sous les lois barbares du despotisme,
» les hommes, avilis et sans morale, ne
» conservent pas même la forme altière
» que leur a donnée la nature; partout
» ils portent la dégradation et le décou-

» ragement; la voix de la patrie ne se
» fait plus entendre. Ils sont avilis, lâ-
» ches et perfides comme leur gouverne-
» ment. O vérité humiliante! tel était le
» Français d'autrefois.

» Détournons, représentans du peu-
» ple, nos regards de cet abîme que vous
» avez comblé. Offrons à vos yeux un ta-
» bleau plus digne de vous-mêmes; pré-
» sentons l'homme à son auteur tel qu'il
» sortit de ses mains divines, et mettons
» au grand jour les avantages du gouver-
» nement républicain.

» La démocratie ne prend conseil que
» de la nature à laquelle sans cesse elle
» ramène les hommes. Son étude est de
» les rendre bons, de leur faire aimer la
» justice et l'équité. C'est elle qui leur
» inspire ce noble désintéressement, qui

» élève leurs âmes, et les rend capables
» d'entreprendre et d'exécuter les plus
» grandes choses. Sous son règne, toutes
» les pensées, toutes les actions, se rap-
» portent à la patrie : mourir pour elle,
» c'est acquérir l'immortalité ; les sciences
» et les arts sont encouragés. Ils concou-
» rent à l'éducation et au bonheur pu-
» blics ; ils parent la vertu des charmes
» qui la rendent chère aux mortels, et
» inspirent l'horreur du crime. Sous un
» ciel aussi pur, sous un gouvernement
» aussi beau, la mère alors enfante pres-
» que sans douleurs, et fait consister sa
» véritable richesse dans le nombre de
» ses enfans. La sainte égalité plane sur
» la terre, et d'une immense population
» fait une seule famille. O vérité conso-
» lante! tel est le Français d'aujourd'hui.»

L'orateur faisait ensuite le récit de la mort d'Agricole Viala; puis il ajoutait :

« Et vous, infâmes oppresseurs de la » terre, vous qui prétendez tenir de » l'Éternel le droit de gouverner le mon- » de, où sont-ils vos héros? Qu'ils pa- » raissent! Comparerez-vous à nos jeunes » républicains ces vils courtisans nourris » au milieu des cours, dans le sein des » voluptés; ces sybarites efféminés, dont » l'âme corrompue ne se fait pas même » une idée de la vertu, et dont les bras » énervés ne sont chargés que de chiffres, » gages impudiques de leurs adultères » amours; ces courtisans enfin qui, ap- » portant au milieu des camps leur arro- » gance et leur lâcheté, fuient à la vue » du moindre danger, et volent cacher » leur honte dans les bras de la débau-

» che? Ah! il faudrait chercher long-
» temps, si l'on voulait trouver dans vos
» cours des héros de onze et de treize ans.
» Oui, il est un peuple qui tout entier
» marchera sur leurs traces. Il porte
» gravé en son cœur le mépris de la mort,
» la haine des brigands couronnés, et
» tient levé sur leurs têtes coupables le
» glaive qui doit en purger la terre. »

« Et vous, jeunes républicaines, écou-
» tez la voix de la patrie; méprisez l'or
» et les diamans; n'empruntez plus dé-
» sormais l'éclat factice des vêtemens;
» soyez parées des vertus de votre sexe,
» vous n'en paraîtrez que plus belles.
» Quand votre destinée sera unie à celle
» d'un époux, servez-vous de l'empire
» que vous a donné la nature pour em-
» bellir sa vie; répandez des fleurs sur

4....

» le chemin que vous avez à parcourir en-
» semble. Vos mères ont donné le jour
» à des héros; vous imiterez leur exemple.
» La victoire va vous ramener des amans
» dignes de vous ; c'est sur eux que vous
» devez fixer votre choix. Gardez-vous
» de dédaigner ces illustres défenseurs
» couverts d'honorables cicatrices. Après
» avoir servi leur pays dans la guerre la
» plus glorieuse, qu'ils goûtent avec
» vous les douceurs d'une vie paisible ! »

Ainsi s'exprimait David. Dans ses illusions patriotiques, il semblait espérer de bonne foi ramener la France aux mœurs de Lacédémone.

Au reste, ce discours fut pour ainsi dire le testament politique de David. Ce fut le dernier qu'il prononça à la tribune.

La division éclata parmi les Décemvirs qui avaient opprimé la convention. Elle secoua leur joug, et le 9 thermidor vit tomber ses chaînes et renverser les échafauds de la terreur.

La chute de Robespierre entraîna celle d'une foule de soi-disant républicains, indignes de ce nom ; mais parmi lesquels se trouvaient pourtant quelques patriotes de bonne foi ; de ce nombre était David. Il avait cru avoir Phocion dans Marat, et lui avait consacré ses pinceaux ; il avait cru voir Socrate dans Robespierre, et lui avait promis de boire avec lui la ciguë.

Le représentant Lecointre de Versailles, tête exaltée, mais qui avait eu le courage d'accuser de tyrannie Robespierre, jouant le rôle d'un grand-prêtre à la fête de l'Être-Suprême, dénonça, après le 9 thermidor, les membres du comité de salut public comme complices de sa tyrannie.

André Dumont monta à la tribune le 13 thermidor, et attaqua personnellement David.

« Souffrirez-vous, dit-il, qu'un traître, » qu'un complice de Catilina, siége encore » dans votre comité de sûreté générale? » Souffrirez-vous que David, cet usur- » pateur, ce tyran des arts, aussi lâche » qu'il est scélérat, souffrirez-vous, dis- » je, que ce personnage méprisable qui » ne se présenta pas ici dans la nuit mé- » morable du 9 au 10 thermidor, aille » encore impunément dans les lieux où » il méditait l'exécution des crimes de » son maître, du tyran Robespierre? Il » faut faire disparaître ces ombres du

» scélérat dont la France vient d'être
» débarrassée. David n'est pas le seul qui
» était vendu à Robespierre; la cour de
» ce Cromwel n'est pas encore anéantie.
» Ses ministres, sur la figure desquels
» on lit le crime, seront bientôt démas-
» qués; je jure ici de les poursuivre jus-
» qu'à la mort; mais en ce moment, je
» me borne à demander que le traître
» David soit à l'instant chassé du comité, et
» qu'il soit procédé à son remplacement. »

Dans ce moment, David n'était point à la séance. Bentabole fit observer que la convention commettrait la plus grande injustice si elle condamnait un de ses membres pendant son absence, et sans l'avoir préalablement entendu.

Cependant l'assemblée décrétait le remplacement de David, lorsqu'il entra dans la salle ; elle suspendit sa décision jusqu'à ce qu'il eût été entendu.

« Je ne connais pas, dit-il, les dénonciations qui ont été faites contre moi ; » mais personne ne peut m'inculper plus » que moi-même. On ne peut concevoir » jusqu'à quel point ce malheureux (Robespierre) m'a trompé ; c'est par ses » sentimens hypocrites qu'il m'a abusé, » et, citoyens, il n'aurait pu y parvenir » autrement. J'ai quelquefois mérité votre estime par ma franchise ; eh bien ! » citoyens, je vous prie de croire que la » mort est préférable à ce que j'éprouve » dans ce moment. Dorénavant, j'en fais » le serment, et j'ai cru le remplir encore » dans cette malheureuse circonstance, » je ne m'attacherai plus aux hommes, » mais seulement aux principes. »

« David, s'écria un membre, a em-
» brassé Robespierre aux Jacobins, où il
» était allé prêcher l'insurrection. »

Goupilleau de Fontenay prit la parole :

« J'interpelle David de d'éclarer si,
» au moment où Robespierre descendit
» de la tribune, après avoir prononcé
» son discours, ou plutôt son acte d'ac-
» cusation, lui, David, n'alla pas l'em-
» brasser en lui disant : *Si tu bois la*
» *ciguë, je la boirai avec toi !* »

« Ce n'était pas, répondit David, pour
» faire accueil à Robespierre que je des-
» cendis de son côté, c'était pour monter
» à la tribune et demander que l'heure
» de la fête du 10 fût avancée *. Je n'ai
» pas embrassé Robespierre, je ne l'ai

* Celle en l'honneur de Barra et Viala.

» pas même touché, car il repoussait
» tout le monde. Il est vrai que lorsque
» Couthon lui parla de l'envoi de son
» discours aux communes, je dis qu'il
» pourrait semer le trouble dans toute
» la république. Robespierre s'écria alors
» qu'il ne lui restait plus qu'à boire la
» ciguë; je lui dis : je la boirai avec toi.
» Je ne suis pas le seul qui ait été trompé
» sur son compte. Beaucoup de citoyens,
» ainsi que moi, l'ont cru vertueux. »

Thibaudeau, collègue de David au comité d'instruction publique, demanda que cette affaire fût renvoyée aux deux comités.

Tallien s'y opposa, et dit que lorsqu'un membre était inculpé comme David venait de l'être, il était de l'honneur de la représentation nationale d'exiger une réparation authentique. Il lui reprocha de n'avoir pas suivi une marche droite dans sa conduite au comité de sûreté générale, et déclara qu'aucun représentant ne pourrait siéger auprès de David jusqu'à ce qu'il fût disculpé.

« J'étais malade depuis huit jours, ré-
» pliqua David, et, le 9, je pris de l'émeti-
» que qui me fit beaucoup souffrir, me
» força à rester chez moi toute la jour-
» née et toute la nuit; je ne vins à l'as-
» semblée que le lendemain matin. »

Un membre lui demanda pourquoi, dans le projet de fête qu'il avait présenté, il proposait de partir à trois heures du matin. Il observa que cette proposition paraissait beaucoup tenir au projet de Robespierre, et pouvait avoir les plus grands dangers.

« Dans toutes les fêtes dont j'ai donné » le programme, répondit David, on m'a » reproché de les faire durer trop long- » temps. C'est pourquoi j'avais proposé » de faire commencer celle du 10 à trois » heures. Le comité de salut public me fit » remarquer ensuite que cela pouvait » être dangereux, et je vins demander » qu'elle commençât à neuf heures. »

Lecointre, de Versailles, proposa de décréter que David ne pût être d'aucun comité.

« Les deux comités de salut public et » de sûreté générale, reprit David, » étaient assemblés. Robespierre nous » lut un discours dans lequel j'entendis » prononcer mon nom. Je crus que c'était » une plaisanterie, et je vous assure que » je ne fus pas peu surpris quand, le lende-

» main, je l'entendis proférer mon nom » à cette tribune. Enfin, citoyens, je » vous assure qu'il me faisait plutôt la » cour qu'on ne peut dire que je la lui » aie faite. »

Goupilleau de Fontenay dit que David avait entendu Robespierre lire son discours à la convention; qu'il le lui avait entendu répéter aux Jacobins, et soutint que si David n'avait été que trompé, il n'aurait pas dit à Robespierre, après avoir entendu deux fois son acte d'accusation : « *Si tu bois la ciguë, je la boirai avec* » *toi.* »

Legendre appuya la demande de Thibaudeau, tendant à renvoyer cette affaire aux comités de salut public, de sûreté générale et de législation, et cette proposition fut décrétée.

Le 15 thermidor, le représentant Lebon, ayant été décrété d'arrestation, la convention, sans attendre le rapport de ses comités, décida que David serait provisoirement mis en état d'arrestation.

Il y était depuis quatre mois, lorsque Merlin de Douai vint faire, le 7 nivôse, un rapport au nom des trois comités sur les membres dénoncés des comités de gouvernement complices de Robespierre. La convention décréta, sur sa proposition, qu'il n'y avait pas lieu à examen de la conduite de David.

Le représentant Bailleul dit le lendemain :

« Vous avez décrété hier qu'il n'y avait » pas lieu à examen de la conduite de » David; une suite nécessaire de ce dé- » cret c'est qu'il doit être mis en li-

» berté. J'en fais la motion expresse. »

Letourneur dit qu'il y avait au bureau une lettre des élèves de David qui faisaient la même demande. Il fit lecture de cette lettre, et la convention décréta que David serait sur-le-champ mis en liberté.

Un représentant demanda qu'on ajoutât qu'il rentrerait dans le sein de la convention.

Tout le monde répondit : « C'est de » droit. »

A dater de ce jour, David vint donc de nouveau siéger à la convention. Heureux que son grand talent eût imposé silence à ses dénonciateurs et l'eût sauvé des dangers auxquels il avait été exposé, il ne prit plus une part active à la politique ; et n'exerça plus, comme représentant, d'influence sur les arts.

Le 20 pluviôse, an 3, la convention décréta que les honneurs du Panthéon ne pourraient être décernés à aucun citoyen, et que son buste ne serait placé dans la convention nationale et dans les lieux publics, que dix ans après sa mort; elle rapporta tout décret dont les dispositions étaient contraires à celui-là.

Le 21 pluviôse, à l'ouverture de la séance, on enleva donc de la salle, en vertu de ce décret, les bustes de Marat, de Lepelletier, de Dampierre et de Beauvais, ainsi que les deux tableaux de la composition de David, représentant la fin tragique de Lepelletier et de Marat. Il n'y resta que le buste de Brutus.

Après les événemens des 1 et 2 prairial, an 3, un grand nombre de représentans furent accusés d'avoir pris part à la révolte contre la convention nationale. David fut compris sur cette liste. Aucune réclamation ne s'étant élevée en sa faveur, il fut mis en arrestation le 9 prairial, et il demeura détenu au Luxembourg pendant trois mois. Le 4 fructidor suivant (21 août), il fut autorisé à rentrer dans sa maison sous la surveillance d'un garde. Enfin l'amnistie du 4 brumaire an 4 (26 octobre 1795) vint lui rendre sa liberté définitive. Ici se termine la carrière politique de David; de législateur il redevint simple citoyen. Le gouvernement du directoire succéda à celui de la convention. Des sept cent cinquante représentans qui composaient cette assemblée, partie passa dans le corps législatif, partie rentra dans la vie privée. David fut de ce nombre.

Il se renferma alors dans son atelier et

se consacra tout entier à son école ; c'est à cette époque qu'il forma un grand nombre d'élèves devenus maîtres. Déjà ils s'élançaient dans des routes différentes, et portaient la pureté et le goût de leur chef dans leurs productions diverses. Le talent correct, moelleux et spirituel de Gérard, le talent fin et suave de Guérin, le talent vigoureux et sévère de Gros, et le talent audacieux et brillant de Girodet, semblaient les fils du génie de David.

Pendant sa détention, il avait appelé ses crayons à son secours. Quoique menacé à chaque instant de perdre la vie, il traça l'esquisse de deux tableaux. L'un d'eux représentait *Homère récitant le vingt-quatrième chant de l'Illiade au peuple attendri*. Le peuple lui offre de partager avec lui sa modeste nourriture, pendant que les grands cherchent à l'accabler de leurs dédains. L'autre était *le combat des Sabins et des Romains après l'enlèvement des Sabines*. Ce sujet offrit plus d'attraits à David, et, devenu libre, il l'exécuta.

Ce tableau, tout romain comme *les Horaces*, le ramenait souvent à celui-ci. C'est alors qu'il s'armait d'une noble sévérité contre lui-même. « Peut-être, disait-» il, ai-je trop montré l'art anatomique » dans le tableau *des Horaces?* Dans ce-» lui *des Sabins*, je crois l'avoir caché » avec plus d'adresse et de goût. Ce ta-» bleau sera plus grec. »

David faisait dans la suite, sur un de ses élèves d'un talent très-distingué, une réflexion qui rentre un peu dans celle-ci. « Il a, disait-il, plus de talent qu'il n'en » faut comme science. Avec moins de

» prétention au savoir et un peu plus de » goût, il acquerrait plus de célé» brité. »

Dans ce tableau *des Sabins*, où tant d'énergie se joint au goût le plus pur et à la sévérité la plus antique, David sembla en effet avoir retrouvé ce beau idéal que les Grecs seuls avaient connu. Cette production merveilleuse fut d'abord critiquée avec l'amertume la plus injuste; mais aujourd'hui, le public et les gens de l'art lui ont assigné la place que confirmera la postérité déjà commencée pour son auteur. Peu de tableaux ont eu autant de copies et de gravures. Les belles têtes de Romulus et de Tatius sont exposées dans toutes les écoles, où elles servent journellement d'étude et de modèle aux dessinateurs.

Il fut interrompu dans ses grands travaux par des ouvrages d'un autre genre. On lui demandait de toutes parts des portraits. Il en avait fait à diverses époques de très-remarquables.

M. Desmaisons lui avait commandé plusieurs tableaux de famille. M. Alphonse Leroy, médecin célèbre, M. et Mme Pecoul, père et mère de son épouse, le comte de Clermont-d'Amboise, Mme de Bréhan, Mme Vassal, toute la famille Thélusson, MM. Lecouteux, Mme Hocquart, et une infinité d'autres avaient exercé ses pinceaux. Il avait exécuté avec un soin particulier les portraits de M. et Mme Lavoisier, qu'il devait à la reconnaissance.

Après sa carrière législative, David fit aussi un tableau demi-figure d'une *ves-*

tale, une étude peinte de *Psyché*, une répétition en petit du *serment des Horaces*, une autre de *Bélisaire* avec quelques changemens. Tous ces tableaux, sans ajouter à sa réputation depuis long-temps fixée, furent très-recherchés. Une foule d'étrangers venaient s'inscrire pour avoir leurs portraits; mais il voulait, avant tout, satisfaire les désirs de ses compatriotes, auxquels il était loin de pouvoir suffire. Aussi ne fut-ce qu'à force d'instances qu'un prince russe le décida à travailler pour lui ; à sa sollicitation, il s'exerça dans le style gracieux. Il peignit *Phaon et Sapho*. L'amour dirige la main de Sapho sur les cordes d'une lyre, dont les sons doivent toucher son cœur et en bannir la froide indifférence. Ce tableau, peu connu en France, ne tarda pas à partir pour la

Russie, où le prince Yousoupoff, pour qui David l'avait fait, a eu le bonheur de le voir échapper à l'incendie de Moscou.

L'impatience d'une femme célèbre par sa beauté nous a privés d'un ouvrage auquel David renonça, non sans regret, dans un moment d'humeur. Il avait commencé le portrait de Mme Récamier, posé de manière à pouvoir développer tout ce que les grâces ont de plus séduisant; mais, distrait par d'autres occupations, le peintre allait trop lentement au gré de celle qu'il peignait. Soit espoir de trouver plus de célérité dans un autre artiste, soit qu'elle eût besoin d'un second portrait, elle s'adressa à un des premiers élèves de David. Celui-ci, par respect pour son patron, confident du travail déjà avancé qu'il avait vu chez lui, lui communiqua cette demande. David conseilla à son élève d'y satisfaire ; mais lorsque Mme Récamier se présenta pour finir le premier portrait, « Madame, lui dit » David, les femmes ont leurs caprices; les » artistes en ont aussi ; permettez que je » satisfasse le mien, je garderai votre » portrait dans l'état où il se trouve. » Et rien n'a pu le décider à le finir.

Quelque temps avant le 18 fructidor, à une époque où le royalisme menaçait les patriotes, Bonaparte, chef de l'armée d'Italie, conçut le projet honorable d'arracher David aux persécutions qui pouvaient le menacer à Paris, et de se l'attacher. Julien, un de ses aides-de-camp, qui périt plus tard en Égypte, assassiné par les Arabes, fut chargé, dit-on, de porter au peintre la proposition de son général. Il lui offrait de venir à son camp pour peindre les batailles et se soustraire aux agitations politiques ; mais David ne put consentir à s'éloigner de Paris.

Après avoir conquis les peuples de l'Italie à la liberté, et signé la paix générale à Campo-Formio, le général Bonaparte revint à Paris, d'où il était sorti à peine connu, et où il rentrait couvert d'une gloire immense. Nommé membre de l'institut national, il s'était créé une société composée de savans, de magistrats, et de quelques généraux. Il désirait voir David, son collègue à l'institut, qu'il n'avait pas encore rencontré. Invité à dîner chez Lagarde, secrétaire général du directoire, Bonaparte lui répondit : « J'irai ; » mais à condition que vous aurez David. » Lagarde alla donc lui-même prier le peintre, qui s'y rendit. Il était, comme tout le monde, curieux d'entretenir le vainqueur de l'Italie. Il voulait de plus le remercier de l'offre qu'il lui avait faite de venir chercher un refuge dans son armée. Bonaparte, dès qu'il vit David dans le salon de Lagarde, lia conversation avec lui. Il fut question de faire son portrait.

« Je vous peindrai, dit David, l'épée » à la main, sur le champ de bataille. »

« Non, lui répondit Bonaparte. Ce » n'est plus avec l'épée que l'on gagne les » batailles; je veux être peint calme sur » un cheval fougueux. »

David avait commencé des ouvrages qu'il ne pouvait pas interrompre, et d'un autre côté, Bonaparte, occupé de travaux importans, n'avait guères le temps de se faire peindre. Le portrait ne fut pas entrepris; mais l'idée n'en fut pas perdue.

Après le 18 brumaire, an 8, lorsqu'il fut devenu premier consul de la république, Bonaparte recevait David; c'était ordinairement à l'heure de son déjeuner. Lorsqu'on organisa les autorités nationales d'après la nouvelle constitution, le premier consul lui dit qu'il avait mieux aimé le laisser à ses pinceaux que de lui donner une place.

« Je n'en ai point de regret, répondit » David. Le temps et les événemens » m'ont appris que ma place était dans » mon atelier. J'ai toujours un grand » amour de mon art, je m'en occupe avec » passion; je veux m'y livrer entière» ment. D'ailleurs, les places passent, et » j'espère que mes œuvres resteront. »

Quand le premier consul quitta le petit

Luxembourg pour aller occuper les Tuileries, il chargea David de faire placer dans la galerie de ce palais le beau buste antique de Junius Brutus, qui avait été conquis en Italie.

Le passage du mont Saint-Bernard par Bonaparte, rappelait celui qu'avait exécuté vingt siècles auparavant un général carthaginois. La France aussi, disait-on, avait son Annibal.

A son retour de Marengo, le premier consul pensa à se faire peindre par David, et le fit venir en présence du ministre de l'intérieur, Lucien Bonaparte.

« Que faites-vous en ce moment? lui » dit le premier consul. »

— « Je travaille au tableau du *passage* » *des Thermopyles*. »

— « Tant pis; vous avez tort de vous

» fatiguer à peindre des vaincus. »

— « Mais, citoyen consul, ces vaincus » sont autant de héros qui meurent pour » la patrie, et, malgré leur défaite, ils » ont repoussé pendant plus de cent ans » les Perses de la Grèce. »

— « N'importe; le seul nom de Léonidas » est venu jusqu'à nous. Tout le reste est » perdu pour l'histoire. »

— « Tout!... Excepté cette noble ré- » sistance à une armée innombrable. » Tout!.... Excepté leur dévouement » auquel leur nom ne saurait ajouter. » Tout!... Excepté les usages, les mœurs » austères des Lacédémoniens, dont il est » utile de rappeler le souvenir à des sol- » dats. »

Cependant David abandonna pour le moment ce tableau, sans y renoncer, comme on le verra dans la suite. Le premier consul lui demanda son portrait; David lui promit de se mettre aussitôt à l'ouvrage, et le pria de poser.

« A quoi bon? » répondit Bonaparte, qu'une pareille contrainte eût ennuyé, « croyez-vous que les grands hommes de » l'antiquité dont nous avons les images » aient posé? »

— « Mais je vous peins pour votre » siècle, pour des hommes qui vous ont » vu, qui vous connaissent; ils voudront » vous trouver ressemblant. »

— « Ressemblant! ce n'est pas l'exacti- » tude des traits, un petit pois sur le nez, » qui font la ressemblance. C'est le ca- » ractère de la physionomie, ce qui l'a- » nime, qu'il faut peindre. »

— « L'un n'empêche pas l'autre. »

— « Certainement Alexandre n'a jamais » posé devant Apelles. Personne ne s'in- » forme si les portraits des grands hom- » mes sont ressemblans. Il suffit que leur » génie y vive. »

— « Vous m'apprenez l'art de peindre. »

— « Vous plaisantez; comment? »

— « Oui, je n'avais pas encore envi- » sagé la peinture sous ce rapport. Vous » avez raison. Eh bien! vous ne poserez » pas. Laissez-moi faire; je vous peindrai » sans cela. »

En sortant du cabinet du premier consul, Lucien revenant sur le tableau du *passage des Thermopyles*, dit à David :

« Mon cher, il n'aime que les sujets » nationaux, il s'y trouve pour quelque » chose. C'est son faible, il n'est pas fâché » qu'on parle de lui. »

5...

David exécuta donc ce beau portrait équestre du premier consul gravissant le mont Saint-Bernard, *calme sur un cheval fougueux*, composition remarquable par le gradiose, la vigueur de l'exécution, et où l'idéal ne nuit point à la vérité. Bonaparte est de grandeur naturelle, enveloppé d'un large manteau qui flotte au gré du vent. Le peintre lui a donné l'attitude du commandement, si naturelle à ce grand capitaine. Au bas du tableau, le nom de Bonaparte est inscrit sur la roche, devant ceux d'Annibal et de Charles-le-Grand, seuls conquérans qui eussent osé tenter le même passage à la tête de leur armée.

Vers la fin de l'an 9, quand il fut terminé, David le présenta au premier consul. Il fixa long-temps son portrait sans rien dire, et, se tournant vers le peintre, il le combla d'applaudissemens et d'éloges. Puis, jetant les yeux sur des soldats gravissant aussi la montagne, confondus avec les nuages, et d'une petite proportion parce qu'ils sont supposés à une distance éloignée, il dit en riant :

« Mais, citoyen David, que font là-bas
» ces petits bons hommes, grands comme
» le fer de mon cheval? Il va d'un coup
» de pied les écraser tous. »

L'observation n'était pas sans quelque fondement.

Le marquis Musquès, ambassadeur du roi d'Espagne, demanda à David, de la part de son maître, un portrait du premier consul. Il fit donc une copie de ce portrait équestre, qui parut avec l'original, vers la fin de l'an 9, à l'exposition, où se trouvait encore le tableau du *combat des Sa-*

bins contre les Romains, après l'enlèvement des Sabines.

Plus tard, David fit encore trois autres répétitions du portrait équestre. L'une fut consacrée au musée national de France, et celle qu'il fit en dernier lieu, fut destinée à orner les appartemens de l'auteur. Il l'estimait supérieure à toutes les autres, à l'original même, parce qu'il avait, dans ce travail, profité de quelques observations qu'une sage critique lui avait fait parvenir.

En 1814, les Prussiens enlevèrent l'original qui était dans le château de Saint-Cloud, et le placèrent dans le musée de Berlin, où il est encore.

Ces diverses répétitions, une quantité de portraits, et un grand nombre de leçons que David ne put refuser, employèrent tout son temps pendant le consulat.

En brumaire, an 9, David et ses élèves donnèrent une fête au sénateur Vien, leur maître. La société était composée de cent vingt personnes. Le portrait du citoyen Vien était placé dans le salon où il fut reçu; sa place, à table, était distinguée par des guirlandes en forme de dais; une couronne de laurier était suspendue sur sa tête : on y lisait ces mots : *A Vien, les arts reconnaissans.*

David porta la santé de son maître et celle de Mme Vien en ces termes :

« Au citoyen Vien, notre maître. Puisse-
» t-il, nouveau Diagoras, voir briller
» au salon d'exposition les ouvrages de sa
» cinquième génération !

» A Madame Vien, dont les soins, les
» grâces et les vertus nous ont conservé

» jusqu'ici, et nous conserveront encore » le père de la peinture. *

Il était flatté, sans doute, de l'hommage que l'on rendait à ses grands talens; mais, se croyant plutôt au milieu de ses enfans que de ses élèves, il paraissait plus touché des marques vives et franches de leur affection, que des témoignages de leur admiration et de leur respect; ses réponses vives et pleines de vigueur, peignent beaucoup mieux Vien que tout ce qu'on pourrait en dire. Le citoyen Gautherot, dans un discours qu'il lui adressa, lui rappelait les services rendus par lui à la peinture. « Oui, mes enfans, répondit ce vieillard,

* A un talent distingué dans la peinture, Mme Vien joignait tous les avantages de la beauté. Aussi Vien disait-il en admirant les fleurs qu'elle peignait: « *Elle les répand sur ma vie.* »

» quand j'embrassai cet art, je vis qu'il » s'égarait dans de faux systèmes. Je dis : » il faut que cela change, et cela sera : » j'ai combattu, j'ai persévéré, et cela a » été. »

Cette circonstance avait inspiré de jolis vers au fils aîné de David. Aux discours et aux complimens succéda un concert italien ; mais rien ne pouvait donner un caractère plus gai et plus touchant à cette fête que la modestie et l'amabilité du vieillard qui en était l'objet.

Proclamé empereur, et ayant résolu de se faire sacrer, Napoléon commanda à David, qu'il venait de nommer son premier peintre, quatre grands tableaux pour décorer la salle du trône, savoir :

1° Le couronnement de Napoléon.

2° La distribution des Aigles

3° L'intronisation de Napoléon dans l'église de Notre-Dame.

4° L'entrée de Napoléon à l'hôtel-de-ville.

Lorsque le jour du couronnement fut fixé, Napoléon fit appeler le gouverneur de Paris et le comte de Ségur, grand-maître des cérémonies ; et là, en présence de David, il leur ordonna de se concerter avec lui pour désigner l'endroit d'où il pût saisir tout l'ensemble de cette cérémonie imposante.

David choisit une place dans la tribune située au dessus du maître-autel. Là, il avait pour ainsi dire sous ses crayons Napoléon et son épouse, le souverain pontife et tout son cortége, les grands dignitaires et les premiers corps de l'empire, ainsi que les députés des départemens. Mais, par suite de quelque mal-entendu, le grand-maître des cérémonies contesta cette place à David, et il s'éleva entre eux une discussion assez vive, qui faillit devenir sérieuse, et dans laquelle le peintre l'emporta sur l'homme de cour.

David avait préparé un plan du cœur de Notre-Dame, et, aidé d'un programme qui lui donnait le nom de tous les personnages qui devaient figurer dans le tableau, il désigna, par des points, les divers groupes qui s'offraient à ses yeux.

Plein de son objet, il rentra chez lui et traça l'esquisse qui devait le guider dans cet ouvrage. Ce croquis fut fait dans une proportion de dix-huit pouces sur douze. Le tableau a trente pieds de longueur sur dix-neuf de haut. C'est le plus grand qui ait existé jusqu'à ce jour, car celui des

5....

noces des Cana, par Paul-Véronèse, le plus vaste tableau que l'on eût vu avant celui du *couronnement*, n'a que trente pieds sur seize.

Un tel ouvrage exigeait un travail long et pénible, et il fallait pour l'exécuter, déployer les plus hardis efforts. David s'enferma dans son atelier pendant trois années successives. Il s'interrompait rarement, et ce n'était que pour céder aux instances des grands de l'empire, des princes étrangers et des femmes célèbres de cette époque, qui désiraient se faire peindre par lui.

Mais outre les difficultés naturelles de ce grand travail, des circonstances particulières les multiplièrent encore. Il n'était pas facile de concilier la volonté de chacun, avec le but de l'ouvrage. Les personnages de différens ordres, voulaient y être peints chacun selon son goût. Les gens de la cour prétendaient figurer au premier plan, et désigner eux-mêmes l'attitude qu'ils devaient avoir dans le tableau. Toutes ces prétentions mettaient le peintre dans une situation délicate et embarrassante, et contrariaient singulièrement son plan primitif.

Il eût un autre genre d'obstacle à essuyer de la part de l'ambassadeur ottoman. Non-seulement il objectait que sa religion lui interdisait l'entrée dans les mosquées chrétiennes; mais il s'opposait à ce qu'on le fît figurer dans le tableau, et on dut long-temps le prier pour obtenir son consentement.

Il fallut donc entièrement consacrer la première année à prendre les différens portraits des personnages qui devaient entrer dans cette composition. Quelques autres distractions, trop douces pour se les refuser, contribuèrent encore à ralentir ce travail.

Plusieurs artistes célèbres de tous les pays, attirés à Paris par le bruit des ouvrages de David, sollicitaient la faveur de pénétrer dans son atelier, et il eût été bien difficile de résister à un empressement aussi flatteur. Canova, le premier sculpteur des temps modernes, profitait souvent de cette permission pendant son séjour à Paris. Camucini, alors le peintre le plus distingué de l'Italie, se plaisait à le voir travailler. Avant de quitter Paris pour retourner à Rome, il alla prendre congé de David. Il le trouva entouré de plusieurs de ses élèves, et lui dit en le-

quittant : « *à dio il più bravo pittore di* » *scholari ben bravi.* »

A son retour à Rome, Canova proposa David à l'Académie, comme agrégé. Cet honneur, accordé à plusieurs grands artistes étrangers, eut cela de particulier, qu'entraînés par leur estime pour le peintre français, les membres de l'Académie renoncèrent en sa faveur aux formes usitées pour manifester leurs votes : ils le proclamèrent à l'unanimité et par acclamation, membre honoraire.

Canova fut désigné pour lui faire connaître cette circonstance de son élection.

Napoléon était très-impatient de voir finir le tableau du *couronnement*, et envoyait souvent demander à quel point il en était.

Après trois ans d'un travail soutenu et

pendant lequel l'auteur, comme il est facile de le concevoir, éprouva beaucoup de petites contrariétés, il alla lui-même annoncer à Napoléon que sa tâche était terminée. L'empereur assigna un jour pour aller voir le tableau avant de l'exposer aux regards du public.

Au jour fixé, l'empereur, précédé de plusieurs détachemens de cavalerie, d'un cortége nombreux de musiciens, accompagné de l'impératrice, suivi de toute sa famille, des officiers de sa maison et de ses ministres, arriva dans l'atelier où l'avait précédé son premier peintre.

Cet ouvrage est trop connu pour entreprendre d'en donner ici une description qui serait imparfaite. On savait dans le public, avant même qu'elle fût entièrement terminée, quelle était la scène représentée dans cette composition. Des critiques amères étaient déjà sorties de la bouche de ceux qui avaient pénétré, à titre d'amis ou d'élèves, dans l'atelier de David. On lui reprochait d'avoir fait de l'impératrice l'héroïne de ce tableau. « Ce » n'est pas, se disait-on, le couronne- » ment de Napoléon, mais bien celui de » Joséphine. » On devait cependant présumer que l'auteur, ne pouvant pas rendre à la fois le moment où Napoléon avait pris sur l'autel la couronne qu'il posa d'abord sur son front, et l'instant où il orna du diadème la tête de l'impératrice, n'avait choisi entre ces deux actions qu'après avoir pris les ordres de l'empereur, à la gloire duquel ce monument était consacré. Aussi Napoléon, lorsqu'il eut sous les yeux cette disposition de la scène principale, n'hésita-t-il pas à lui donner son approbation. Il examina en silence le tableau pendant trois quarts-d'heure, dans toutes ses parties, puis, prenant la parole, il dit :

« C'est bien, très-bien, David : vous
» avez deviné toute ma pensée, vous
» m'avez fait chevalier français. Je vous
» sais gré d'avoir transmis aux siècles à
» venir la preuve d'affection que j'ai
» voulu donner à celle qui partage avec
» moi les peines du gouvernement. »

Après un moment de silence, la tête couverte, Joséphine à sa droite, David à sa gauche, toute la cour derrière eux, le tableau presque en face, Napoléon fit deux pas en avant et se plaça vis-à-vis l'auteur ; puis il leva son chapeau, et, s'inclinant devant lui. « David, lui dit-il,
» d'une voix très-élevée, *je vous salue*. »

Le peintre, ému de cet hommage, lui répondit : « Sire, je reçois votre salut au » nom de tous les artistes, heureux d'être » celui à qui vous daignez l'adresser! » Chacun s'empressa à son tour de complimenter David, et le cortége se retira.

Ce tableau attirait l'hommage de tous les étrangers qui venaient à Paris. Le roi de Wurtemberg l'examinait un jour en présence de l'auteur. Frappé de l'éclat de lumière répandu sur le groupe où se trouvent le saint-père et le cardinal Caprara, « Je ne pensais pas, lui dit-il, » que votre art pût opérer de pareils » prodiges. Les moyens pour le blanc » et pour le noir, sont bien exigus en » peinture. Sans doute, lorsque vous » avez produit cet effet, vous aviez » un rayon de soleil sur votre palette? »

— « Sire, votre observation, la ma-
» nière flatteuse dont elle est exprimée,
» tiennent beaucoup à l'art; votre ma-
» jesté a donc étudié la peinture? »

« Oui, je m'en occupe quelquefois; mes
» frères partagent le même goût. Celui
» que vous recevez dans vos ateliers a ob-
» tenu quelques succès: oh! ses ouvrages
» ne sont pas de la peinture de roi, ils
» sont dignes d'un artiste. M. David, je ne
» puis me flatter d'avoir une répétition de
» ce tableau; mais vous pouvez me conso-
» ler de cette privation, en me plaçant à la
» tête des souscripteurs de la gravure qui
» en sera faite. Veuillez ne pas l'oublier. »

On ne peut s'empêcher de convenir que ce tableau contient quelques imperfections. On a critiqué le ton grisâtre qui règne dans les galeries, et on lui repoche un peu de confusion dans l'ensemble des derniers plans ; mais, dans un ouvrage d'aussi longue haleine, peut-on exiger la même perfection dans toutes les parties? Le peintre, très-contrarié surtout par les costumes modernes, pouvait-il, dans cette composition, s'il voulait être fidèle et ne pas s'exposer à la critique des contemporains, donner du mouvement et de l'énergie à un sujet qui est grave, calme et majestueux? Pouvait-il appeler la poésie à son secours, dans un ouvrage où il était contraint de prendre pour guide la raison et la vérité? D'ailleurs, un même homme ne peut exceller dans tous les genres, et celui-là n'était pas celui de David.

L'autel et les détails qui l'accompagnent ne sont pas moins dignes de remarque que les autres accessoires. La pose de Napoléon est auguste, et sa figure est d'une vérité frappante. L'attitude de Joséphine est charmante et pleine de grâce. L'image du pape a quelque chose de pieux et de suave, conforme à la vérité et à l'expression de sa figure. L'auteur avait d'abord posé les deux mains du saint-père sur ses genoux ; Napoléon jugea que l'acte de la bénédiction n'était plus assez apparent, et conseilla à David de réparer cette imperfection si c'était possible. Il suivit cet avis et changea sa première disposition ; il éleva le bras droit, et le fit agir d'une manière plus marquée.

Quoiqu'on ait beaucoup critiqué ce tableau, on doit avouer pourtant que l'ordonnance en est admirable. Tous les principaux personnages y sont d'une ressemblance remarquable. L'auteur lui-même, s'y est peint, au dessus de l'autel, dans la tribune d'où, accompagné de deux de ses élèves, il a dessiné l'ensemble de la scène. En un mot, c'est un monument élevé à la gloire de cette époque, qui, mieux que tous les écrits, indiquera à la postérité comment fut célébrée cette solennité.

Toutefois, David ne parut pas accueillir les critiques comme il l'avait fait à l'égard de ses précédens ouvrages. Il chercha à se justifier de presque tous les défauts qui lui furent imputés. Il est vrai de dire aussi que la malveillance et l'envie les ont beaucoup exagérés.

Un jour, des curieux étant allés voir ce tableau dans l'atelier de l'auteur, l'un d'eux, ne croyant point être entendu, fit observer tout bas à son voisin que le peintre avait ridiculement rajeuni l'impératrice Joséphine. « *Allez le lui dire*, » répondit David en se tournant brusquement.

Le pape, avant de partir pour Rome, avait voulu son portrait, et David s'était empressé de le satisfaire. Une femme célèbre dans la littérature française, Mme de Genlis, dit à ce sujet dans ses mémoires :

« J'éprouvai le désir de juger par moi-
» même si le portrait du pape, fait par
» David, était aussi beau et aussi ressem-
» blant qu'on le disait : j'en fus char-
» mée ; mais la reine de Naples (depuis
» reine d'Espagne) m'assura que la figure
» du pape était encore plus belle dans le
» tableau du *couronnement*, qu'on ne
» voyait alors que dans l'atelier de Da-

» vid. Je témoignai le regret de ne pou-
» voir y aller, parce que j'avais fort blâmé,
» dans mon *Précis de conduite*, les ac-
» tions et les opinions politiques de Da-
» vid, et que je supposais, avec vraisem-
» blance, qu'il refuserait de me recevoir.
» Alors la reine eut la bonté de me dire
» qu'elle se chargeait de m'y mener, ce
» qui eut lieu le lendemain. David me
» reçut sans aucune rancune; de mon
» côté, je louai de bien bon cœur, non le
» tableau entier, que l'on peut critiquer
» à quelques égards, mais la figure du
» pape, qui est véritablement admirable.»

Ce portrait valut à l'auteur, de la part du souverain pontife, les plus vives instances d'aller se fixer à Rome.

Le second tableau, destiné à orner la salle du trône, était *la distribution des ai-*

gles, qui eut lieu au Champ-de-Mars. Cet ouvrage soutint la réputation de David, sans y ajouter beaucoup. Les deux autres, qui devaient compléter cette collection, ne furent point exécutés. Le peintre en dessina seulement les esquisses, qui restèrent dans son cabinet.

Il fit encore un autre portrait *du Pape et du cardinal Caprara*, dans le même cadre. Il est long-temps resté dans le cabinet de l'auteur.

Ce tableau a été acquis il y a deux ans par M. Hyacinthe Didot, dans le cabinet duquel il se trouve aujourd'hui.

Le marquis de Douglas lui demanda un portrait de Napoléon. David le peignit en pied, de grandeur naturelle, dans son cabinet, au moment où, après avoir passé la nuit à travailler, ce qu'indiquent les bougies presqu'entièrement brûlées, il est debout, et vient de quitter son bureau. C'est de tous les portraits de l'empereur, le plus vanté. Napoléon en fut enchanté, et dit à l'auteur :

« Vous m'avez deviné, mon cher Da-
» vid ; la nuit je m'occupe du bonheur de
» mes sujets, et le jour je travaille à
» leur gloire. »

David en fit quatre copies dont l'une, après être restée long-temps dans son cabinet, est devenue la propriété de Monsieur Huybens, à Paris.

Il peignit aussi Napoléon dans son costume impérial. Ce portrait fut destiné pour le prince Jérôme, roi de Wesphalie. La gravure en est très-estimée.

On a dit dans plusieurs écrits que David, par la roideur de son caractère et son naturel peu flatteur, s'était attiré la disgrâce de Napoléon. Tous ses rapports avec l'empereur prouvent cependant le contraire. Fondateur d'une grande monarchie, ce prince voulait l'illustrer en protégeant les sciences et les arts. On a déjà vu qu'il avait nommé David son premier peintre; il lui envoya plus tard le brevet de commandant de la légion d'honneur.

Napoléon le fit un jour appeler, et lui communiqua le projet qu'il avait conçu de réunir dans le musée impérial tous ses tableaux.

« L'Italie, lui dit-il, possède la galerie » de Rubens; je veux que la France me » doive la galerie de David. »

Après les remercîmens que commandait tout naturellement cette ouverture, David répondit à l'empereur :

« Sire, je crois qu'il est impossible » de former cette collection; mes ou- » vrages sont trop dispersés, ils sont » dans les mains d'amateurs trop riches, » pour espérer qu'ils veuillent s'en déta- » cher. Ainsi, par exemple, je sais que » le propriétaire de *la mort de Socrate*, » M. de Trudaine, met une grande im- » portance à conserver ce tableau. »

— « Nous l'obtiendrons avec de l'or, » lui dit l'empereur; offrez-en quarante » mille francs, et allez, s'il le faut, jus- » qu'à soixante mille. »

Ce tableau avait été commandé pour six mille, et M. de Trudaine l'avait payé dix, pour témoigner sa satisfaction à l'auteur.

Le propriétaire refusa l'offre des quarante mille francs; une seconde offre de cinquante mille ne fut pas mieux accueillie.

« Ce refus me flatte, lui dit David ; » mais je dois insister, j'en ai l'ordre de » Napoléon. Il m'a autorisé à aller jus- » qu'à soixante mille francs. »

— « Je les refuse, et je vous prie de » dire à Napoléon que j'estime votre ou- » vrage au-dessus de toute offre ; si je lui » fais ce sacrifice, je veux qu'il soit gra- » tuit. »

David remplit cette commission. Alors Napoléon quittant son fauteuil, dit avec humeur : « Il faut bien que je respecte la » propriété ; je ne puis forcer cet enthou- » siaste à nous abandonner sa maîtresse. »

Cette première difficulté empêcha donc l'empereur d'exécuter son projet.

On a vu qu'en l'an 8 (1800), David, pressé par les ouvrages que lui avait commandés le premier consul, avait abandonné son tableau de *Léonidas aux Thermopyles*. Cependant, il ne l'avait laissé qu'avec l'intention de le reprendre plus tard. Il convint même dans la suite qu'alors il n'avait point encore mûri son sujet, et d'ailleurs, la conversation du premier consul sur ce tableau, avait été loin de l'encourager. Ce ne fut qu'en 1811 qu'il fut assez libre pour reprendre ce travail, et, ce qui doit étonner, il l'exécuta avec une rapidité peu ordinaire.

David voulut par ce grand ouvrage surpasser tous les peintres d'histoire qui l'avaient précédé, et le tableau de *Léonidas aux Thermopyles* devint son chef-d'œuvre.

La scène représente l'instant où Léonidas se prépare à combattre. Un jeune guerrier vient lui annoncer que trois cents des leurs sont destinés à périr pour arrêter la marche de l'armée perse. L'attitude de Léonidas est plus qu'humaine , sa tête a quelque chose de sublime. Sa physionomie exprime tous les mouvemens de cette âme fière qui se dévoue sans balancer à la mort : une douce mélancolie et le dédain de la vie sont empreints sur les lèvres du héros.

D'autres épisodes non moins touchans viennent augmenter encore l'intérêt qu'inspire la scène principale. On éprouve une vive émotion en voyant l'enthousiasme de cet aveugle qui presse son ilote de diriger ses coups, et l'abandon du jeune Spartiate qui, dans les bras de son précepteur, jure qu'il sera digne de lui et de ses leçons.

C'est à la vue de cette composition sublime qu'un poète, vraiment digne de ce nom, ami des arts et de la liberté, s'est écrié, dans une élégie touchante et qui produit sur le lecteur des sensations douloureuses et profondes :

« Je vois Léonidas. O courage ! ô patrie !
» Trois cents héros sont morts dans ce détroit fameux ;
» Trois cents ! quel souvenir !.... Je pleure.... et je m'écrie :
» Dix-huit mille Français ont expiré comme eux *. »

Ce tableau était déjà fini depuis longtemps quand la nouvelle des désastres de l'armée française fut apportée à Paris. Bientôt l'empire français, qui avait porté ses armes triomphantes dans toutes les capitales de l'Europe, eût à craindre la

* Casimir Delavigne, seconde messénienne, sur *la dévastation du Musée et des monumens.*

violation de son propre territoire, et quelques mois après les étrangers y pénétrèrent. Les alarmes gagnèrent jusqu'à Paris. David suspendit alors ses travaux et ne songea plus qu'à soustraire ceux de ses ouvrages qu'il possédait, ainsi qu'un grand nombre d'objets d'art, à la cupidité des vainqueurs. Il les envoya sur les côtes de l'Ouest, où ils furent déposés dans des mains fidèles. Leur conservation était pour lui l'objet d'une vive sollicitude. Celui qui, pendant quinze ans, avait protégé ses travaux, abdiqua le pouvoir suprême. Paris fut inondée de soldats étrangers; mais leurs généraux, les souverains eux-mêmes étaient si étonnés de se voir dans la capitale de la France, et tellement inquiets peut-être de savoir comment ils en sortiraient, qu'ils respectèrent alors les propriétés publiques et privées. Ainsi qu'on l'a déjà dit, les Prussiens enlevèrent seulement du château de Saint-Cloud le *portrait équestre du premier consul.*

On sait comment Napoléon, après être resté un an dans son petit royaume de l'Ile-d'Elbe, revint en France en 1815 et reconquit sa couronne. De retour à Paris, il voulut voir, quoi qu'il en eût blâmé le sujet, le tableau de *Léonidas aux Thermopyles*, dont il avait entendu parler. Il alla donc chez David.

« Je le connaissais avant de l'avoir vu,
» lui dit-il : j'en ai entendu faire un
» grand éloge. »

Il s'attendait à voir l'attaque des Perses et la défense des fiers républicains de Lacédémone ; mais ce tableau ne représentait que les préparatifs du combat. Plein de sa première idée, Napoléon cherchait en vain le combat lui-même. David entra alors dans l'explication de son sujet. Napoléon satisfait dit en se retirant :

« Continuez, David, à illustrer la » France par vos travaux. J'espère que » des copies de ce tableau ne tarderont » pas à être placées dans les écoles mili- » taires ; elles rappelleront aux jeunes » élèves les vertus de leur état. »

Napoléon avait oublié alors l'espèce de blâme qu'il avait jeté, dans le principe, sur cette brillante composition, dernier ouvrage de David pendant son séjour en France ; c'est par son chef-d'œuvre que ce grand peintre fit ses adieux à sa patrie.

Le champ de bataille de Mont-Saint-Jean fut témoin d'un grand désastre. Napoléon abdiqua pour la seconde fois ;

Paris se vit encore envahie par les armées étrangères.

Cinq mois s'étaient écoulés. Rentré dans son atelier, David avait repris ses travaux, quand la loi du 12 janvier 1816 fut rendue.

David se vit donc contraint de quitter la France, et, parcourant dans sa pensée les diverses contrées de l'Europe, il résolut d'aller se fixer dans les Pays-Bas. Il y trouvait les mœurs, les principes, la langue de sa patrie, et un gouvernement éminemment hospitalier.

David avait soixante-sept ans quand il quitta son pays, et lui fit un éternel adieu. L'âge n'avait point affaibli son courage; il se sentait encore de la vigueur. Pour se venger de son exil, il résolut de l'honorer par ses ouvrages, et reprit ses pinceaux.

Le roi de Prusse lui fit faire à Bruxelles les invitations les plus pressantes d'aller se fixer à Berlin, où ce prince lui offrait la direction des arts dans son royaume. Le comte de Goltz, ambassadeur de Prusse en France, lui écrivit :

Paris, 12 mars 1816.

« Monsieur,

» Le roi mon maître me charge de
» vous faire savoir que Sa Majesté, char-
» mée de fixer un artiste aussi distingué
» que vous, aimerait que vous vinssiez
» vous établir dans sa capitale, où Sa Ma-
» jesté est disposée à vous procurer une
» existence agréable, et les secours dont
» vous pourriez avoir besoin.

» Votre départ pour Bruxelles ne me
» permettant pas de m'entretenir avec

» vous des intentions de Sa Majesté, je
» vous engage à écrire de suite directement à son altesse monseigneur le prince de Hardenberg, auquel vous ferez connaître vos vœux. Je prends toutefois le parti de vous adresser un passeport, avec lequel vous vous rendrez, si vous le voulez, à Berlin, où vous trouverez un accueil digne de vos talens. Si cependant vous étiez décidé à ne pas vous servir de mon passeport, je m'attends à ce que vous me le renverrez, en adressant votre lettre à M. Conrad, directeur des postes militaires prussiennes à Sédan.

Agréez, monsieur, etc.

Signé, le comte DE GOLTZ.

Le célèbre Alexandre de Humboldt,

6...

collègue de David à l'institut, se réunit au comte de Goltz pour cet objet, et lui écrivit le même jour :

12 mars 1816, *quai Malaquais*, nº 3.

« Monsieur et très-honoré collègue,

» Mon ami, le comte de Goltz, minis-
» tre de Prusse à Paris, a eu des lettres
» de la chancellerie d'état du prince de
» Hardenberg, dans lesquelles on lui
» dit :

» Qu'un homme célèbre, M. David, se
» trouvant sur la liste des proscrits,
» Sa Majesté le roi de Prusse croit faire
» une chose infiniment utile au progrès
» des arts, en engageant M. David à
» s'établir dans sa capitale, à Berlin; que
» le roi tâcherait de rendre à M. David
» son séjour aussi agréable que possible;
» qu'il désirait ses conseils sur l'établisse-

» ment d'un nouveau Musée, et sur le
» perfectionnement des études dans tou-
» tes les branches des arts et du dessin.

» Le comte de Goltz doit vous écrire,
» monsieur, par la même occasion ; mais
» sachant combien vous m'avez honoré
» de votre bienveillance, comme un des
» admirateurs les plus zèlés de vos ouvra-
» ges immortels, il m'a engagé à joindre
» ma prière à la sienne.

» Vous trouverez dans mon pays un roi
» protecteur éclairé des arts, et connais-
» sant le mérite de vos grands travaux ;
» un gouvernement qui tient religieuse-
» ment tous les engagemens qu'il con-
» tracte, une sphère d'activité d'autant
» plus grande, que tout reste à créer,
» et, j'ose ajouter pour mes compatriotes,
» cet élan pour les arts, ce noble enthou-

» siasme qui, bien dirigé, doit rendre à
» l'école son ancien éclat.

» Je sais, monsieur, que vous habitez
» dans ce moment un pays dont la sage
» modération est bien favorable à cimen-
» ter le bonheur public ; mais je me sens
» tout Prussien, quand il s'agit de possé-
» der David dans la capitale de mon roi.
» Quelle que soit votre décision, je vous
» prie d'écrire sur-le-champ à M. le prince
» de Hardenberg, et de lui parler avec
» cette franchise qu'il mérite à tout égard.
» Vous aborderez librement le point des
» conditions sous lesquelles vous voudrez
» vous établir à Berlin. La Prusse ne peut
» vous offrir un établissement splendide ;
» mais vous y trouverez le plus vif désir
» de vous rendre votre existence agréa-
» ble ; vous y trouverez ce repos moral,

» si nécessaire aux travaux de l'esprit. »

J'ai l'honneur d'être, etc.

Signé, le baron ALEXANDRE DE HUMBOLDT.

L'épouse de David venait de tomber malade. Il écrivit au prince de Hardenberg, le 28 mars, pour lui témoigner sa reconnaissance et ses regrets, et l'invita à attendre que la santé de sa femme fût rétablie.

Le prince de Hardenberg lui répondit de Paris, 16 mai 1816 :

« Monsieur,

» J'ai eu l'honneur de recevoir votre
» lettre du 28 mars, et je n'ai pas man-
» qué de rendre compte au roi des retards
» involontaires qu'éprouve votre voyage ;

» ils sont trop légitimes pour que Sa
» Majesté n'applaudisse pas au parti que
» vous avez pris. Elle espère que le reta-
» blissement de Mme votre épouse vous
» permettra bientôt de continuer votre
» route ; mais, malgré le plaisir qu'elle
» trouvera de vous voir fixé dans sa ca-
» pitale, je suis chargé de vous dire qu'elle
» s'en remet entièrement à cet égard à
» vos convenances particulières.

» Vous pouvez donc, monsieur, atten-
» dre avec sécurité la fin de la maladie
» de Mme votre épouse, et vous ne serez
» plus dans le cas de compromettre, par
» un voyage précipité, une santé qui
» vous est chère à tant de titres. Je me
» flatte que, vos inquiétudes venant à
» cesser, je jouirai bientôt de l'avantage
» de vous voir au milieu de nous, placé

» d'une manière conforme à vos goûts, et » jouissant d'une existence tranquille et » honorable. Sa Majesté vous accordera » toutes les facilités que vous pourrez » désirer pour votre établissement, et je » serai charmé de pouvoir m'entendre » avec vous à ce sujet, immédiatement » après votre arrivée à Berlin, dont je » vous prie de vouloir bien me pré- » venir.

Agréez, etc.

Signé, le prince de HARDENBERG.

Telles furent les propositions que le roi de Prusse fit à David, par l'organe de ses ministres. Il n'a pu résister au plaisir de communiquer les lettres qui en renfermaient l'expression; elles étaient trop honorables pour rester dans le secret.

Il avait, comme on l'a vu, insisté sur les obstacles que faisait naître la santé délicate de sa femme : le temps devait les faire disparaître. Il était naturel que David ne pût s'éloigner d'elle pendant sa maladie, mais était-ce une raison pour ne point accepter l'offre qui lui était faite? Il pouvait bien y consentir provisoirement, sauf à remplir plus tard sa promesse. Toutes ces excuses étaient donc un moyen de gagner du temps; car il était bien résolu de ne point accepter un asyle, ni de porter ses talens chez une nation qui s'était montrée l'ennemi le plus passionné de sa patrie.

Le prince d'Hatzfeld, ambassadeur de Prusse auprès du roi des Pays-Bas, voulut joindre ses instances verbales aux offres déjà faites au nom de son souverain.

David était absent lorsque cet ambassadeur se présenta chez lui. Le lendemain, David alla à son hôtel; le prince lui rappela les lettres qu'il avait déjà reçues: « Pourquoi, ajouta-t-il, ne pas vous ren» dre aux invitations de mon roi? Il met » le plus grand prix à vous voir habiter » sa capitale. Quel était votre traitement » comme premier peintre de Napoléon? »

— « Douze mille francs. »

« Oh! le roi ferait mieux que cela; l'in» tention de Sa Majesté est de vous pos» séder comme ministre des arts: vous » jouirez de tous les avantages et des hon» neurs dus à ce titre; allez à Berlin, » créez une école de peinture, soyez-en » le directeur; la reconnaissance du roi » sera sans bornes si vous acceptez. »

— « Mon grand âge, la faiblesse de la

» santé de ma femme, mon amour pour
» l'indépendance, les bontés dont le gou-
» vernement des Pays-Bas m'honore, et
» le désir de répondre à des instances
» aussi flatteuses, toutes ces causes,
» prince, sont de nature à me jeter dans
» une grande perplexité; permettez-moi
» de prendre quelques jours pour vous
» répondre. »

Son parti, comme on l'a vu, était pris depuis long-temps, mais il voulut pourtant, avant de faire une réponse définitive, connaître à cet égard la pensée de ses compagnons d'exil. Il alla en consulter deux; leur soumit les lettres qu'il avait reçues, et leur raconta son entretien avec le prince. Chacun d'eux prononça d'après son caractère: Cambacérès encouragca David à accepter; Sieyes lui

conseilla le contraire. « Libre, indépen-
» dant, honoré et dans l'aisance, pour-
» quoi, lui dit-il, renonceriez-vous à ces
» avantages? »

Ce conseil se trouvait d'accord avec le sentiment secret de David ; il le suivit. Il alla dès le lendemain porter son refus à l'ambassadeur, et s'excuser.

« Les bontés de votre roi, lui dit-il,
» m'honorent, j'en sens tout le prix. Elles
» formeront un des épisodes les plus inté-
» ressans de ma vie. Il présentera à la
» postérité le roi de Prusse comme l'ami
» des arts et le protecteur de David dans
» son exil. Veuillez être auprès de Sa Ma-
» jesté l'interprète de ma profonde grati-
» tude. Je suis vieux, j'ai soixante-sept
» ans ; qu'elle me permette de conserver
» la tranquillité dont je jouis sous un gou-

» vernement conforme à mes opinions. »

La princesse de Hatzfeld, accompagnée de ses trois filles, voulut faire une nouvelle tentative. Elle vint chez David, au moment où la comtesse L...., amie particulière du roi, y arrivait pour le même objet.

« Je vous félicite, lui dit la princesse,
» de vous voir réunir vos efforts aux nô-
» tres. M. David est inébranlable. Veuil-
» lez bien peindre sa résistance à Sa
» Majesté, de manière à la convaincre
» que nous avons fait tous nos efforts. »

Enfin le frère du roi de Prusse, lui-même, sous le nom du prince de Mansfeld, vint chez David, et lui dit qu'il avait ordre de son souverain de l'emmener à Berlin dans sa voiture. Il fit mille instances pour l'engager à partir sur-le-champ.

« Eh bien! M. David, lui dit-il, vous » rendez-vous enfin à nos vœux? Décidez-vous à partir avec moi; nous voyagerons ensemble. »

Puis se tournant vers le portrait en pied du général Gérard, qui était commencé et sur son chevalet: « J'espère, lui dit-il, que » vous débuterez par me peindre comme » ce général; votre présence nous comblera de joie. »

David persista toujours dans son refus.

Ses pinceaux ne restèrent pas longtemps oisifs. Après avoir terminé le portrait du général Gérard, il débuta, dans son exil, par peindre *l'Amour quittant Psyché au lever de l'aurore*, tableau tant critiqué et tant admiré. David était loin d'avoir souscrit aux critiques que l'on a faites de l'Amour. Il prétendait que le public n'était pas assez entré dans l'esprit du peintre, et il s'en référait au jugement de l'avenir pour fixer le rang que devait occuper cette production parmi ses autres ouvrages.

Ensuite, il peignit en grand le comte de Turenne. Il fit pour le comte de Schœnborn, bavarois, *les adieux de Télémaque et d'Eucharis*. Ce tableau, du genre le plus gracieux, est estimé d'un coloris supérieur à tous les autres. Il est impossible de ne pas admirer la pureté de dessin et la grâce qui règnent dans tout cet ouvrage.

Parmi les tableaux qui avaient suivi David dans son exil, se trouvait celui du *couronnement de Napoléon*. Pour le rouler plus facilement, l'auteur l'avait, avant son départ, fendu en trois morceaux. Il avait commencé en France une répétition de ce tableau. Il hésitait de mettre la dernière main à cet ouvrage, qui exigeait un travail long et soutenu. Cependant MM. Lajard et compagnie, de Montpellier, proposèrent à David de le lui acheter s'il voulait le finir. Il résolut donc de le reprendre.

Il était difficile de se procurer un atelier assez grand pour tendre une toile de cette dimension. L'administration municipale de Bruxelles saisit cette occasion de donner à David une preuve de l'importance qu'elle mettait à le posséder dans ses murs, et à seconder cette entreprise; elle lui offrit une des grandes salles de l'Hôtel-de-Ville, appelée *Salle du Christ*, c'est là qu'il a terminé cette répétition, après dix mois de travail. Plusieurs changemens assez importans l'ont rendue supérieure à l'original. Elle a servi de modèle à l'auteur de la gravure : David lui en a imposé la loi.

MM. Lajard et compagnie payèrent ce tableau à son auteur la somme de soixante-quinze mille francs. Les acquéreurs l'exposèrent à leur profit dans la ville de Londres. On dit qu'ils se proposent de l'offrir aux regards des habitans du Nouveau-Monde, en l'exposant à Philadelphie.

David peignit ensuite le jeune prince de Gâvre. Il fit les portraits de deux de ses compagnons d'exil, Sieyes et Ramel, et de l'épouse de ce dernier. Il peignit également Mlle Juliette de Villeneuve, nièce de Joseph Bonaparte, ancien roi d'Espagne, et les deux filles de ce prince. Le moindre mérite de ces portraits est une ressemblance frappante.

David vécut à Bruxelles comme à Paris, partageant son temps entre la peinture, quelques amis et le théâtre. Il y allait presque tous les soirs, et s'y trouvait toujours un des premiers. Sa place était marquée dans l'orchestre. Lorsqu'il était absent, par respect pour lui, on la laissait vacante, et si quelqu'un venait à l'occuper par méprise, on s'écriait de toutes parts : *c'est la place de David*. Souvent, dans des pièces où il était question de grands peintres, le public, faisant des applications à David, le couvrit de ses applaudissemens.

Le roi Guillaume lui-même s'honora de posséder ce grand peintre dans ses états. Il le lui prouva dans une foule d'occasions. Quelquefois même ce prince rencontrant David qui ne l'apercevait pas, avait la bonté de le prévenir par un salut affectueux.

Quoique David eût renoncé à professer, il permit à plusieurs artistes belges de venir dans son atelier pour s'y former le goût et recevoir ses leçons. Il en donna à M. Odevaere, peintre du roi des Pays-Bas, à messieurs Navet, Paelinck, Moll, et Michel Stapleaux. Il mit beaucoup de soins à diriger le pinceau de ce dernier, qu'il chérissait, et dont il perfectionna les talens.

Tout le monde croyait que David avait pour toujours terminé sa carrière comme peintre, quand tout-à-coup, en 1824, on vit sortir de son atelier son grand tableau de *Mars désarmé par Vénus et les grâces*, qu'il avait composé à soixante-seize ans.

L'affluence des spectateurs, les cris universels d'admiration, l'immobilité de plusieurs artistes au moment où ils fixèrent les yeux sur cette toile étonnante, et tous les éloges qu'il reçut, sont autant de preuves que ce tableau, fruit d'un pinceau presque octogénaire, était digne de ceux qui l'avaient précédé. David exposa à Bruxelles ce chef-d'œuvre de son exil, moyennant une faible rétribution qu'il consacra au soulagement des vieillards des hospices de Sainte-Gertrude et des Ursulines.

David chargea ensuite son élève, Michel Stapleaux, d'aller faire à Paris l'exposition de ce tableau, qui rapporta à son auteur une somme de quarante-cinq mille francs.

En 1813, il avait commencé à Paris l'ébauche d'un tableau représentant *Alexan-*

dre entrant dans l'atelier d'Apelles, occupé à peindre Campaspe, maîtresse de ce conquérant, qui la lui donne pour épouse. Il reprit ce sujet à Bruxelles; mais il ne l'acheva point. L'esquisse est restée dans son cabinet.

Les anciens élèves de David, voulant donner un témoignage de reconnaissance à leur maître, firent frapper une médaille en son honneur. Galle, restaurateur de la médaille monumentale en France, fut chargé de la graver. Il exécuta ce travail avec un soin particulier. Tous ambitionnaient le bonheur d'aller la lui présenter dans son exil. Un seul pourtant fut choisi, et ce fut Gros qui mérita cette préférence. C'est l'hommage le plus touchant et le plus précieux que David ait reçu pendant sa vie. Il la montrait à tous ses amis, et la présentait à tous les étrangers qui, passant par Bruxelles, venaient le visiter.

Un hommage de ce genre fut rendu à David par la ville de Gand, en reconnaissance des expositions de plusieurs de ses ouvrages dont le produit avait été en partie consacré aux pauvres de cette ville. Ses habitans lui envoyèrent une belle médaille en or, en septembre 1825. Ils chargèrent M. Van Hulthem, membre des états-généraux du royaume, et ami de David, de la lui remettre. David leur prouva sa gratitude en les priant d'accepter quatre beaux dessins, faits de sa main, qu'il remit à leur envoyé.

Ce témoignage authentique de reconnaissance, rendu par les premiers artistes français à celui qu'ils appelaient leur maître et leur père, et par les habitans d'une superbe cité à celui qui avait travaillé pendant dix ans pour régénérer l'école flamande, attira sur lui un vif intérêt et fit éclater des regrets.

Ainsi Mme de Genlis disait dans ses mémoires :

« Quel ami des arts ne désire pas re-
» voir, dans sa patrie, un vieillard qui
» sera toujours la gloire et l'honneur de
» l'école française, alors même que son
» génie n'aurait produit que l'inimitable
» tableau du *serment des Horaces*. Je l'ai
» blâmé, j'ose le dire, avec énergie, dans
» le temps de ses erreurs ; mais il est mal-
» heureux, il est exilé, il gémit sous le
» poids de la vieillesse et des infirmités,
» je ne vois plus en lui que son infortune
» et son talent sublime. Enfin, tout le rap-
» pelle à ma pensée quand j'admire le ta-

» lent supérieur de ses élèves : oui, les
» nombreux chefs-d'œuvre de Gérard,
» de Girodet, de Guérin et de Gros, etc.,
» semblent implorer son rappel ; et la
» gloire, la conduite, les sentimens de
» ces illustres artistes, leur donnent à
» cet égard les droits les plus touchans. »

La santé de David s'affaiblissait de jour en jour ; il disait à ses amis :

« Je me sens l'imagination aussi vive
» et aussi fraîche que dans les premières
» années de ma jeunesse. Je compose avec
» la même facilité tous les sujets qui me
» viennent à la pensée ; mais quand je
» prends mes crayons pour les tracer sur
» la toile, ma main s'y refuse. »

Il renonça donc à son art ; ses amis virent cette résolution avec plaisir, car tous pensaient qu'une vie sédentaire et l'air de son atelier lui étaient funestes. Dès-lors il prit plus d'exercice, il parut souvent aux promenades. Celle qu'il affectionnait le plus était *le Parc*. Mais sa passion invincible pour la peinture le ramenait presque tous les jours à son atelier, situé à l'ancien évêché de Bruxelles, rue de l'Évêque, à peu de distance de sa demeure. Quoiqu'il n'eût pas la force de peindre, il s'amusait à faire des croquis et à crayonner sur les murs, souvent même sur les meubles qui décorent cet atelier. Lorsqu'il se sentait quelques momens de vigueur, il prenait ses pinceaux; mais voyant qu'il ne pouvait pas rendre sa pensée, il jetait sa palette en s'écriant avec chagrin : « Ma main s'y refuse! »

Dans l'été de 1825, vers le commencement de juillet, il tomba malade, mais il se rétablit, après être resté pendant quelque jours dans un état qui avait fait craindre pour sa vie.

Quelque temps après sa guérison, son épouse fut frappée de paralysie ; c'était une femme pleine de mérite et de douceur ; elle s'était consacrée entièrement au bonheur de son mari ; elle l'avait suivi avec constance dans sa prospérité et dans son exil. Cet accident vint encore augmenter la tristesse de sa maison. Alors les enfans de David, qui habitaient Paris, vinrent tour-à-tour demeurer auprès de leur père, pour prendre soin de ses vieux jours et adoucir son exil *.

* Les enfans de David sont :

Jules David, ancien sous-préfet. Après la chute de l'empire, il alla à Smyrne professer la langue grecque ancienne et moderne. Il y composa plusieurs ouvrages utiles et fort estimés des Hellénistes. Il y épousa une jeune Grecque d'une grande beau-

Dans l'automne de 1825, David se sentit plus fort qu'il ne l'avait été depuis long-temps. Il disait à tout le monde : « Je rajeunis, je vais me remettre à » peindre. »

Il tint parole ; il entreprit de peindre *la colère d'Achille*, figures grandes comme nature et à mi-corps ; et, chose étonnante, il y réussit. Il disait à tous ceux qui allaient voir ce tableau : « Voilà mon » ennemi ; c'est lui qui me tue. »

Il avait achevé les principales figures, lorsqu'il éprouva, dans les premiers jours

té, et revint en France avec elle, à l'époque des massacres de Smyrne par les Turcs.

Eugène David, ancien chef-d'escadron des cuirassiers, chevalier de la légion-d'honneur.

Mme la baronne Meunier, épouse du lieutenant-général de ce nom, et Mme la baronne Jeanin, épouse du lieutenant-général de ce nom.

de décembre, une rechute qui laissa peu d'espoir de sauver ses jours, et qui ne lui permit pas de mettre la dernière main à cet ouvrage ; mais M. Michel Stapleaux fut jugé digne de continuer le travail de son maître, et David lui permit d'achever ce tableau en sa présence.

Sa vie ne se prolongea qu'au milieu des plus cruelles souffrances. Elle était presqu'éteinte, lorsque M. Stapleaux lui présenta une épreuve de la gravure du tableau de *Léonidas aux Thermopyles*, pour recueillir ses observations et les transmettre à M. Laugier, chargé de cette gravure, à Paris. David la fit placer devant lui, demanda sa canne, et indiqua à son élève divers points, en articulant avec peine ces mots : « *Trop* » *noir..... trop blanc..... La dégradation*

» *de lumière n'est pas assez sentie..... C'est*
» *trop papilloté..... Cependant... c'est bien*
» *là une tête de Léonidas.....* » Sa canne s'échappa de sa main, et sa tête retomba sur sa poitrine. Son dernier regard fut pour son chef-d'œuvre, sa dernière pensée pour l'art, et son dernier soupir pour sa patrie.

Il mourut le 29 décembre 1825, à 10 heures du matin, entouré de ses enfans, de son élève Michel Stapleaux, de ses médecins et de tous les gens de sa maison.

Il légua son mannequin à M. Stapleaux, ainsi qu'un dessin qui représente *le viol de Lucrèce par le dernier des Tarquins*. Il l'avait composé pendant sa maladie, peu de jours avant sa mort. C'est le dernier de ses ouvrages. Il assura par son testament un revenu suffisant pour l'entretien de ses domestiques, jusqu'à la fin de leurs jours. On lui fit l'autopsie en présence de M. Stapleaux, qui avait souvent entendu ses gémissemens et ses plaintes pendant sa maladie. Son corps fut embaumé, et on l'exposa le 5 janvier aux regards de ses amis.

Le 7, on le transféra de sa demeure à l'église de Sainte-Gudule, où sa dépouille mortelle attend un tombeau. Le cortége qui l'accompagnait parcourut les principales rues de la ville. Il était composé d'artistes, de savans, de magistrats et de citoyens de toutes les classes, spontanément réunis pour honorer sa mémoire. *

* Le cortége qui accompagnait le corps de David, lors de sa translation dans un des caveaux de l'église de Sainte-Gudule, où il a été déposé en atten-

Tel était l'homme qui a mérité, sans contredit, le premier rang parmi tous les artistes de notre siècle. Il est mort, mais il vivra toujours dans ses ouvrages. Ceux pour lesquels son pays lui conservera une

dant qu'on lui fasse des funérailles solennelles, était ainsi composé :

1° Les élèves de l'Académie royale de peinture et de sculpture, portant des couronnes de laurier et des branches de palmier.

2° Les élèves de MM. Stapleaux et Rude, statuaire, portant des bannières surmontées de couronnes d'immortelles et entourées de guirlandes de laurier. Sur chacune des bannières, on avait inscrit les titres de ses principaux tab eaux, tels que : *Léonidas*, *les Sabins*, *Brutus*, *les Horaces*, *Mars et Vénus*, etc.

3° La musique de la garnison, composée de cinquante musiciens, exécutant par intervalle des marches lugubres.

4° Venait ensuite le char funèbre portant le cer-

profonde reconnaissance, ce sont les élèves qu'il a formés. Il sont répandus dans toute l'Europe, mais il n'en est nulle part d'aussi distingués qu'en France; dans le nombre, quelques-uns même

cueil traîné par six chevaux noirs. Chacun d'eux était conduit par un laquais en grand deuil. Au moment où le cortége allait sortir de la maison mortuaire, M. Stapleaux avait déposé sur le cercueil la palette et les pinceaux de son maître, entourés d'une double couronne de laurier et d'immortelles. Le char était garni de guirlandes de cyprès dont les extrémités étaient soutenues par les professeurs de l'Académie de peinture.

5° M. Eugène David, ex-officier supérieur en France, accompagné de MM. Merlin de Douai, Ramel, Hennessy, l'un des directeurs du Musée et de l'Académie royale de peinture, et de M. Michel, ecclésiastique attaché à l'église de Sainte-Gudule.

6° Le poêle était porté par MM. Navez, Paelinck et Stapleaux, tous trois élèves de David, et par

sont jugés dignes de rivaliser avec lui.

On a souvent reproché à David des compositions qui tiennent trop du bas-relief; de la faiblesse dans l'expression; un coloris qui, vrai dans tous ses détails,

MM. Rude, Vangeel et Bodumont. *L'épée* de membre de l'institut de David était également portée par M. Stapleaux. Cette déférence lui avait été accordée par la famille du défunt.

7° Le valet-de-chambre de David, en grand deuil, portant l'habit de membre de l'institut de son maître, décoré des insignes de l'ordre de commandant de la légion-d'honneur.

Venait ensuite une foule de personnes de tout rang et de tout âge, soit à pied soit en voiture, suivant le cortége dans le plus profond recueillement. Les amis du défunt et les artistes de Bruxelles portant des flambeaux, entouraient le char et le poêle, et après la cérémonie, la plupart des assistans se distribuèrent les guirlandes et les palmes de cyprès qui décoraient le char funèbre.

ne séduit pas toujours par l'ensemble. Nous ne déciderons point ici si ces critiques sont plus ou moins fondées. Le jugement des contemporains sur la plupart de ses ouvrages a déjà devancé celui de la postérité. Nous remarquerons seulement que nul artiste ne sut mieux que lui observer et peintre la nature, répandre le mouvement et la vie dans ses compositions, et allier à un degré aussi éminent la beauté du pinceau à une admirable pureté du dessin. Il mérita en un mot le titre qu'il se plaisait à donner à Poussin, celui de *peintre philosophe*. Raphaël a plus de grâce; les coloristes vénitiens ont plus d'éclat: l'idéal de Raphaël consiste dans une angélique expression des têtes, celui du Corrège dans l'arrondissement des contours, celui de Michel-Ange dans la gigantesque exagération des masses et dans la terrible énergie du dessin : David, sans rien outrer, sans rien affecter, fit renaître cette nature sublime et calme que Scopas, Apelles et Protagore avaient montrée à la Grèce ; il ressuscita dans ses tableaux toute la beauté surnaturelle de la statuaire antique.

Un poète, dont nous avons déjà cité un passage, Casimir Delavigne, dit dans sa seconde messénienne :

« David a ramené son siècle à la nature :
» Parmi ses nourrissons il compte des rivaux...
» Laissons-la s'élever cette école nouvelle !
» Le laurier de David de lauriers entouré,
» Fier de ses rejetons, enfante un bois sacré
» Qui protège les arts de son ombre éternelle. »

FIN.

LISTE

De tous les Tableaux et Dessins

de David.

Combat de Minerve contre Mars secouru par Vénus.

Les enfans de Niobé percés de flèches par Diane et Apollon.

La mort de Sénèque.

Les amours d'Antiochus et de Stratonice, ou Antiochus malade de sa passion pour Stratonice, femme de son père.

Le plafond et les décorations latérales du salon

de mademoiselle Guimar, rue du Mont-Blanc, à Paris.

Une copie du tableau de la Cène, par Valentin.

Les funérailles de Patrocle, esquisse-tableau.

Un Saint-Jérôme, tableau en manière d'académie.

La tête d'un Philosophe.

Bélisaire et l'enfant qui l'accompagne, figures à mi-corps.

Le portrait équestre du comte Potocki, grand comme nature.

Saint-Roch, la Vierge, un enfant et des pestiférés. Il est à Marseille, à la *Consigne.*

Bélisaire; tableau gr. c. nature.

—

Bélisaire, répétition en petit du précédent. Il est dans la galerie du Luxembourg, à Paris.

—

Un Christ, gr. c. nature.

—

Hector et Andromaque.

—

Andromaque et Astyanax pleurant sur le corps d'Hector, faussement désigné *mort d'Hector.*

—

Le serment des Horaces, grande composition de figures entières et gr. c. nature. Il est dans la galerie du Luxembourg.

—

Le serment des Horaces, répétition du précédent, dont les figures n'ont que trois pieds de proportion. Ce tableau appartient M. Firmin Didot père.

—

Les amours de Pâris et d'Hélène, figures entières de trois pieds de proportion ; actuellement dans la galerie du Luxembourg.

Les amours de Pâris, et d'Hélène, répétition du précédent avec quelques changemens.

Mort de Socrate, ou *Socrate sur le point de prendre la ciguë*, tableau de chevalet, dont les figures ont deux pieds et trois quarts de proportion. Il appartient au marquis de Vérac.

Une Vestale, tableau demi-figure.

Une étude peinte de Psyché abandonnée; figure à mi-corps.

Brutus rentrant dans ses foyers après avoir condamné ses fils, grande composition, actuellement dans la galerie du Luxembourg.

Louis XVI entrant dans le lieu des séances de l'assemblée constituante. On ignore ce que ce tableau est devenu.

Le serment du jeu de paume, dessin exécuté au lavis. Il appartient à la famille David.

Derniers momens de Michel Lepelletier, tableau de chevalet d'une seule figure, gr. c. nature. Il appartient à la famille David.

Portrait de Suzanne Lepelletier de St.-Fargean, orpheline de Michel Lepelletier et fille adoptive de la nation française.

Marat expirant, tableau de chevalet d'une seule figure, gr. c. nature. Il appartient à la famille David.

Le jeune Barra mourant sur sa cocarde tricolore. Cette composition pleine d'intérêt appartient à la famille David.

Combat des Sabins contre les Romains après l'enlèvement des Sabines. Grande composition faisant partie de la galerie du Luxembourg.

—

Phaon et Sapho, grand comme nature, éxécuté pour le prince Yousoupoff, est encore en Russie.

—

Portrait équestre du premier consul Bonaparte. Il existe cinq compositions de ce tableau. Elles sont répandues dans les différentes capitales de l'Europe.

—

Le couronnement de l'empereur Napoléon. C'est le plus grand de tous les tableaux connus. Il est actuellement dans les magasins du Louvre.

—

La distribution des aigles. Cette composition, destinée à servir de pendant au tablean *du couronnement*, est aussi déposée dans les magasins du Louvre.

—

L'empereur Napoléon dans son cabinet, composition dont l'auteur a fait quatre répétitions. L'original est en Angleterre.

—

Portrait de Napoléon dans le costume de sa di-

gnité. Ce tableau fut composé pour le prince Jérôme Bonaparte, roi de Wesphalie.

Léonidas aux Termopyles. Chef-d'œuvre de David. Cette composition est dans la galerie du Luxembourg.

L'amour quittant Psyché au lever de l'aurore. Figures grandes comme nature. Ce tableau fait partie de la galerie de M. le comte de Sommariva.

Télémaque et Eucharis, tableau de chevalet, figures à mi-corps. Il est dans la galerie du comte de Schoenborn, à Munich.

Répétition du précédent, avec quelques changemens. Elle appartient à M. Firmin Didot fils.

Une répétition du couronnement de Napoléon. Faite à Bruxelles pendant l'exil de l'auteur.

La colère d'Achille contre Agamemnon, tableau

de chevalet, figures à mi-corps. Il a fait partie de la collection de M. Parmentier à Enghien, vendue en 1825.

—

Répétition de *la colère d'Achille*, avec de grands changemens. La maladie de David l'empêcha de l'achever; mais il fut fini en sa présence par Michel Stapleaux.

—

Alexandre entrant dans l'atelier d'Apelles occupé à peindre Campaspe, maîtresse de ce conquérant, et qui la lui donne pour épouse. Ce tableau n'est point entièrement achevé et appartient à la famille David.

—

Une vieille Bohémienne disant la bonne aventure à une jeune fille. Tableau de chevalet, figures à mi-corps. Il appartient à M. Jules David.

—

Mars désarmé par Vénus et les Grâces. Chef-d'œuvre de l'exil de David. Il appartient à sa famille.

Portrait de Mme *Récamier*. Il n'est pas terminé et appartient à la famille David.

Le pape Pie VII et le cardinal Caprara, dans le même cadre. Ce portrait appartient à M. Hyacinthe Didot.

Portrait de M. *Desmaisons*, oncle de l'auteur.

Id. de M. *Pécoul*, beau-père de l'auteur.

Id. de Mme *Pécoul*, belle-mère de l'auteur.

Id. de M. *Leroy*, médecin.

Id. du *comte de Clairmont-d'Amboise*.

Id. de *la comtesse de Bréhan*.

Id. de M. et Mme *Vassal*.

—

Id. en pied de *Lavoisier*, physicien célèbre.

—

Id. de Mme *Lavoisier*.

—

Id. de Mme *de Sorcy*.

—

Id. de Mme *Devilliers*.

—

Id. de *la famille Thélusson*.

—

Id. de Mme *Lecouteux*, (brûlé dans un incendie).

—

Id. de Mme *Hocquart* (brûlé dans un incendie).

—

Id. de Mme *de Verninac*, *née Lacroix*.

—

Id. de M. *Pennerin Vilandois*.

—

Id. de M. *Blau*, ambassadeur de Hollande en France.

Id. de M. *Meyer*, ambassadeur de Hollande en France.

Id. de M. *Serisiat*.

Id. de Mme *Serisiat*.

Id. de M. *Estève*, trésorier de la maison de Napoléon.

Id. du *comte Français* (de Nantes.)

Id. de M. et Mme *Mongez*, sur une même toile.

Id. du *baron Alquier*, conventionnel, ancien ambassadeur.

Id. de Mme *la comtesse Vilain XIIII*, *de Bruxelles*, *et sa fille*.

Id. de M. *le comte de Turenne*, en buste.

7.....

Id. de M. *le comte de Turenne*, répétition du précédent, figure assise.

Id. du *Général Gérard*, en pied.

Id. du *jeune prince de Gâvre*.

Id. du *comte Sieyes*, figure assise.

Id. de Mme *David*, femme de l'auteur.

Id. de M. *Ramel*, conventionnel, ancien ministre des finances de la république française.

Id. de Mme *Ramel*, née *Pankoucke*.

Id. du *pape Pie VII*, actuellement dans la galerie du Luxembourg.

Id. des *deux filles de Joseph Bonaparte*.

Id. de Mlle *de Villeneuve*, nièce de Joseph Bonaparte.

Les portraits en petit et au crayon noir d'*Eugène David et son épouse*, dessinés par leur père, quelques jours avant sa mort.

Dessin qui représente *Alexandre-le-Grand dans l'atelier d'Apelles*. Il appartient à M. Gros, premier peintre du roi de France, élève de David.

Id. d'*Homère récitant le vingt-quatrième chant de l'Illiade au peuple attendri*.

Id. d'*Agamemnon enlevant Briséis de la tente d'Achille*, appartenant à M. Firmin Didot fils.

Id. de *la colère d'Achille*, appartenant à M. Fremiet, à Mons.

Id. *l'épouse de Germanicus accompagnée de sa*

fille, et transportant les cendres de son époux à Arles. Il appartient à M. Stapleaux.

Id. *Orphée s'accompagnant de sa lyre et demandant son épouse à Pluton et à Proserpine*. Il appartient à M. Stapleaux.

Deux dessins représentant *la mort des Amazones*, traités de manière différente. Ces deux compositions sont aussi à M. Stapleaux.

Athalie et Joas, beau dessin, donné par l'auteur à M. Drapiez, chimiste, comme une marque d'estime.

Un dessin de *Ganymède versant le nectar à l'aigle de Jupiter*. Il appartient à M. le docteur Chalupt, dernier médecin de David.

Dessin représentant *le Viol de Lucrèce par le dernier des Tarquins*. C'est le dernier ouvrage que la main de David ait tracé. Il l'a donné à son élève

Michel Stapleaux, en témoignage de son amitié.

Quelques mois avant sa mort, David avait remis à M. Van Hultem, pour la ville de Gand, quatre grands dessins qui représentent des sujets divers.

N. B. La famille de David possède encore plusieurs cahiers de croquis et de dessins très-importans, ouvrages de ce grand peintre.

FIN DE LA LISTE.

www.ingramcontent.com/pod-product-compliance
Lightning Source LLC
LaVergne TN
LVHW061943220826
846091LV00011B/4067